능력과 가치를
높이고 싶다면
된다!

상위 1% 에듀테크 교사의 비법 공개!

하루 만에 준비하는

AI

된다!

학교 수업
활용법

정인걸,
김경수
지음

with 챗GPT, 캔바, 미리캔버스, 구글 기반 AI

☑ **15주 차 모든 과목** 구성!

2022
개정 교육과정
최신 반영!

교육감,
한국과학창의재단
강사 추천!

이지스 퍼블리싱

능력과 가치를 높이고 싶다면
된다! 시리즈를 만나 보세요.
당신이 성장하도록 돕겠습니다.

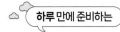

된다! AI 학교 수업 활용법

with 챗GPT, 캔바, 미리캔버스, 구글 기반 AI

Gotcha! How to Prepare AI School Classes in a Day

초판 발행 • 2025년 3월 6일

지은이 • 정인걸, 김경수
펴낸이 • 이지연
펴낸곳 • 이지스퍼블리싱(주)
출판사 등록번호 • 제313-2010-123호
주소 • 서울특별시 마포구 잔다리로 109 이지스빌딩 3층(우편번호 04003)
대표전화 • 02-325-1722 | **팩스** • 02-326-1723
홈페이지 • www.easyspub.co.kr | **인스타그램** • instagram.com/easyspub_it
Do it! 스터디룸 카페 • cafe.naver.com/doitstudyroom | **페이스북** • www.facebook.com/easyspub

총괄 및 기획 • 최윤미 | **책임편집** • 이수진 | **교정교열** • 박명희 | **표지 디자인** • 김근혜 | **본문 디자인** • 트인글터, 김근혜

인쇄 • 미래피앤피 | **마케팅** • 권정하 | **독자지원** • 박애림, 김수경 | **영업 및 교재 문의** • 이주동, 김요한(support@easyspub.co.kr)

ISBN 979-11-6303-679-1 03370
가격 19,800원

모든 아이는 천재성을 타고난다.
중요한 것은 그것을 발견하고 키우는 것이다.

_ 버크민스터 풀러(Buckminster Fuller)

"교실에서 아이들을 만나 직접 수업했습니다!"
상위 1% 에듀테크 교사의 비법 공개!

AI 디지털 교과서 시대의 해법!

교육부에서 발표한 2022 개정 교육과정에서는 인공지능 기술 발전에 따른 디지털 전환을 첫 번째로 밝혔습니다. 그리고 초등에서는 실과의 정보 영역 시수와 학교 자율 시간 등을 활용하여 정보 교육을 34시간 이상 편성·운영하여 '디지털 소양'을 함양하도록 지침을 내렸습니다. 또한 2025년부터 AI 디지털 교과서를 학교에 따라 자율적으로 '교육 자료'로 도입하도록 하고 있습니다. 그러나 AI 디지털 교과서의 개발 지침을 자세히 살펴보면 기본 취지와 다르게 AI 디지털 교과서에서 제시한 자료에 따라 '반복 학습'만 하는 방식으로 운영하는 모습을 볼 수 있습니다.

초지능, 초연결 시대에 맞는 '디지털 소양'을 함양하려면 **학생 스스로 인공지능의 원리를 이해하고, 인공지능 기술이 적용된 다양한 서비스를 활용해서 생활 속 문제를 해결하는 교육을 해야 합니다.** 이러한 교육 활동을 통해 **학생이 창의성을 발휘하고 정보를 수집·분석하여 새로운 지식을 생산하는 과정**을 체험할 수 있어야 합니다. 이 책은 이러한 관점에 따라 AI 교육의 본질인 학생들의 창의성, 융합적 사고력의 개발에 초점을 맞추었습니다.

교육 현장의 교사분들께 실제로 도움을 주는 책

이 책은 코딩 교육처럼 인공지능 자체를 다루지 않습니다. 학생들이 인공지능을 활용해 문제를 해결하고 창의력을 키울 수 있도록 다양한 활동을 '놀이'처럼 해 봅니다. 누구나 쉽게 배우고 수업에 바로 적용할 수 있도록 실제 수업에서 검증해 더 알차고 재미있게 구성했습니다.

이 책 내용을 주변의 학교 선생님들께 공유하니 **"인공지능을 활용한 수업이 생각보다 어렵지 않네요. 교실에서 아이들과 한번 해보고 싶어요.",** "앞으로 연구 수업에서 인공지능을 반드시 포함하라고 해서 막막했는데, **선생님 덕분에 자신감이 조금 생겼어요.**"라는 피드백을 주셨고 디지털 교육으로의 전환을 고민하는 더 많은 선생님들께 알려 드리고 싶었습니다.

사교육 등으로 교육 격차가 벌어지는 현 상황에서 인공지능을 활용한 다양한 창의 수업이 학생들에게 최적의 맞춤형 교육을 제공하는 방향으로 나아갔으면 하는 바람입니다. 그리고 현장에 계신 선생님들께도 이 책이 인공지능 교육에 한 발 다가가는 계기가 되었으면 합니다.

▶ 정인걸 │ 광주용산초등학교 교사

"AI 디지털 교과서는 시대의 흐름, 본질은 아이들의 창의성"

정책이 바뀌어도 교육의 본질은 변하지 않습니다

AI 디지털 교과서, 무엇이 문제일까?

2025학년도부터 초등학교를 중심으로 'AI 디지털 교과서'가 선택적으로 도입됩니다. '500만 학생을 위한 500만 개의 교과서'라는 맞춤형 학습을 목표로 국어·수학·영어 과목부터 도입한 후, 2028년도에 전 과목으로 확대한다는 방침입니다. 교육부가 정의하는 AI 디지털 교과서는 '학생 개인의 능력과 수준에 맞는 맞춤형 학습을 지원할 수 있도록 인공지능을 포함한 지능 정보화 기술을 활용하여 다양한 학습 자료와 학습 지원 기능 등을 탑재한 교과서'입니다.

그러나 교육부의 주장을 전면 부정하거나 'AI 디지털 교과서가 필요한가'라는 본질적인 문제에 관한 논란이 끊이지 않고 있습니다.

AI 디지털 교과서 도입에는 여러 가지 치명적인 문제점이 존재합니다. 먼저 AI가 생산한 결과에는 거짓 정보와 편향된 정보가 적지 않아 윤리 문제가 발생할 가능성이 큽니다. 또한 기술적 인프라와 비용 부담으로 교육 불평등이 발생할 수도 있습니다. 게다가 AI 기능의 성격상 어떻게든 문제에 답을 제시해야 해서 교육의 본질적 목표인 비판적 사고가 저하될 가능성도 있습니다.

AI 교육 시대, 진짜 아이들에게 이로운 수업을 고민합니다

AI의 이상적인 활용법은 아이들의 창의성을 개발하는 도구로 사용하는 것입니다. 이 책은 **아이들이 AI를 직접 다루면서 느끼는 '재미'를 통해 '창의성'을 개발하는 데 목적을 두었습니다.** 악기 없이 합주를 하고, 상상 속의 동화를 직접 만들어 보고, 온라인으로 도자기를 빚고, 해양 쓰레기를 치우며 머신러닝도 직접 시켜 봅니다.

이러한 과정을 체험해 본 학생과 그렇지 않은 학생은 **'AI로 자신이 어떤 것까지 할 수 있을지' 상상할 수 있는 사고력에서 아주 큰 차이**를 나타낼 것입니다. 그리고 이 능력은 미래 사회를 살아가는 데 든든한 밑바탕이 될 것입니다.

마이크로소프트의 빌게이츠는 "앞으로 5년 안에 컴퓨팅이 완전히 바뀔 것이고, AI 개인 비서를 선점한 기업이 AI의 주도권을 쥘 것"이라고 했습니다. AI 디지털 교과서의 도입은 시대의 흐름입니다. 다만 교육 백년지대계를 고려해서 신중하게 접근해야 합니다. 혁신적 기술을 활용하여 학습자의 개별적 요구를 충족하면서도, 창의적 사고와 인문학적 소양을 함께 배양할 수 있는 균형 잡힌 교육 정책이 절실히 필요합니다.

▶ 김경수 │ 전남대 문화전문대학원 교수

미래 사회의 핵심 역량인 창의력과 상상력을 길러 주는 최고의 지침서

기술이 아무리 발전하더라도, 교사와 학생이 직접 소통하고 관계를 형성하는 과정은 어떤 것으로도 대체할 수 없습니다. 기술은 도구일 뿐, 교육의 본질은 아이들의 성장과 잠재력을 발견하고 키워 주는 데 있기 때문입니다. AI가 학습을 지원하는 역할을 하더라도, 학생들에게 **미래 사회의 핵심 역량인 창의력과 상상력을 길러 주는 것은 오직 교사의 몫**입니다. 이 책은 교육의 본질을 지키고자 하는 교사들에게 방법을 알려주는 최고의 지침서입니다.

▶ 김대중 | 전라남도교육감

변화해야 할 교실 수업에 부담을 느끼는 교사들에게 단비 같은 책

이 책에서 다룬 **놀이 같은 수업 활용법 30가지**는 모두 창의에 의한, 창의를 위해 구현된 친절한 **AI 내비게이션**과 같습니다. 노벨상을 받은 과학자들도 AI를 활용해서 연구를 하는 AI 에브리웨어 (Everywhere) 시대에 변화해야 할 교실 수업에 부담을 느끼는 교사들에게 단비 같은 책이 나와서 반갑고 감사합니다.

▶ 최정훈 | 하남초등학교 교장

이 책 한 권으로 수업이 달라질 거라 확신합니다

국어, 수학, 사회, 과학, 실과(정보), 영어, 음악, 미술 등 전 과목을 다룬 30개 수업안을 체계적으로 정리해 수업에 곧바로 적용할 수 있습니다. 초보 교사는 물론 숙련된 교사도 부담 없이 따라 할 수 있고 새로운 영감을 얻을 수 있습니다. 교실에서 AI 수업을 활용할 수 있는 실제 방법을 찾고 있다면, 주저하지 말고 이 책을 펼쳐 보길 추천합니다.

▶ 하주일 | 광주신용초등학교 교감(한국과학창의재단 찾아가는 학교 컨설팅 AI 활용 교육 강사)

AI 시대에 더 나은 교육을 위해 고민하는 모든 선생님께 이 책을 추천합니다

단순한 인공지능 사용법을 소개하는 데 그치지 않고 학생들이 AI를 직접 경험하고 창의적인 산출물을 만들어 낼 수 있도록 수업을 디자인했다는 점이 인상적입니다. 인공지능을 활용한 수업이 더 이상 막연하게 도전할 대상이 아니라 교실을 변화시킬 수 있는 기회가 될 것입니다.

▶ 김관태 | 월곡초등학교 교사(광주광역시 AIEDAP 마스터 강사)

이론에 머무르지 않고, 실제 수업에서 즉시 적용할 수 있습니다

이론에 머무르지 않고, 실제 수업에 즉시 적용할 수 있는 여러 구체적인 프로그램을 안내함으로써, 교사들이 AI를 활용한 수업을 쉽게 기획하고 실행할 수 있도록 도와줍니다. 이 책으로 더 많은 교사들이 AI 교육을 자신 있게 시도하고, 미래 사회의 핵심 역량인 창의성과 융합적 사고력을 키우는 교육을 선보일 수 있기를 기대합니다.

▶ 송정미 | 광주신광중학교 교사

먼저 수업을 들은 초등학생 아이들의 한마디!

집에 가서 다시 한번 해 보고 싶을 정도로 재미있었어요!
다른 친구들도 인공지능 활용 수업을 받고 재미있게 공부했으면 좋겠어요.

▶ 문O현

코딩이나 소프트웨어 수업을 하는 것보다 더 재미있었어요!
선생님과 인공지능을 더 배우고 싶어요.

▶ 박O율

'인공지능을 이렇게 활용할 수 있구나!'라는 생각이 들었어요.
다른 AI 수업도 들어 보고 싶어요.

▶ 김O호

제가 어떻게 질문하는지에 따라 반응이 다르다는 것을 알게 되었어요.

▶ 윤O민

이 책에서 다루는 수업 미리 보기

국어 + 미술과 같이
과목을 **융합**한 수업도 있습니다!

악기 없이
피아노를 연주해 봐요!

음악

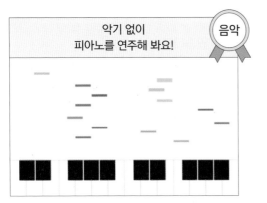

비행기를 타지 않고도
명소를 여행합니다!

사회

AI에게 물고기 보호종을
학습시켜요!

과학

나만의 안무&율동을
만들어요!

체육

AI가 만든 글과 이미지로
동화책을 만들어요!

국어

어려운 문제,
AI에게 물어봐요!

수학

차례

차시 당 2개의 수업으로 구성됩니다!
진도가 빠른 아이들에겐
두 번째 수업을 이어서 진행해 보세요.

15주 차로 구성해
한 학기 수업에 적합해요!

하나. 수업 지도안, 활동지 파일 무료 제공!

책 내용과 동일한 수업 지도안과 활동지를 한글 파일로 모두 제공합니다. 이지스퍼블리싱 홈페이지 [자료실]에서 수업에 필요한 모든 자료를 내려받아 보세요.

• 예제 파일 내려받기:
이지스퍼블리싱 홈페이지(www.easyspub.co.kr) →
[자료실] → 도서명으로 검색

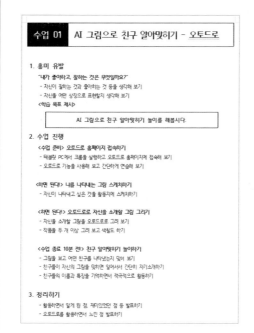

책 내용과 동일한 수업 지도안, 활동지를 모두 제공합니다!

둘. Do it! 스터디룸에서 공부하면 책 한 권을 선물로!

함께 성장하는 멋진 사람들이 모인 공간! 'Do it! 스터디룸'에 방문하고 공부단에 참여해 보세요. 완독을 인증하면 이지스퍼블리싱의 책 한 권을 선물로 드려요!

• 카페 주소:
cafe.naver.com/doitstudyroom

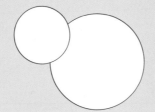

일러두기

▶ 이 책은 학교에 보급된 여러 '디벗' 기종 중에서 갤럭시 탭을 기준으로 하되, 기기에 따라 설명이 달라질 경우 아이패드 화면도 함께 넣었습니다.

▶ 2025년 2월을 기준으로 집필했으며, 추후 태블릿 PC 또는 AI 프로그램의 업데이트로 화면이 바뀔 수 있습니다.

▶ 활동지와 수업 지도안 파일은 이지스퍼블리싱 홈페이지(www.easyspub.co.kr) 자료실에서 내려받을 수 있습니다.

교실 환경 준비하기

처음 해 보는 AI 수업, 어떻게 준비해야 할지 막막한가요? 교사 태블릿 PC 화면을 학생들과 함께 볼 수 있도록 하는 미러링부터 학습 결과물을 전송하는 센드 애니웨어까지, AI 수업을 하려면 꼭 필요한 프로그램만 모아서 설치해 보겠습니다.

태블릿 PC 화면을 스마트 TV로 크게 봐요! – 미러링

AI 수업이 처음이라면 반드시 준비해야 할 것이 있습니다. 바로 선생님의 태블릿 PC를 교실의 스마트 TV로 미러링하는 것입니다. 학생과 선생님이 같은 화면을 보면서 사용할 프로그램을 내려받아 설치하고 활동해야 하기 때문이죠.

선생님 태블릿 PC   교실 스마트 TV

예전에는 크롬캐스트와 같은 장비를 사용했지만, 이제 대부분의 학교에 구비된 갤럭시 탭 또는 아이패드의 화면 미러링 기능을 사용하면 누구나 쉽게 미러링할 수 있습니다.

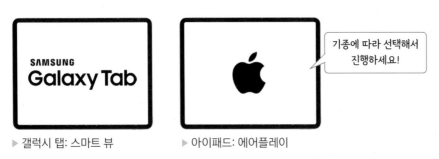

▶ 갤럭시 탭: 스마트 뷰   ▶ 아이패드: 에어플레이

우선 태블릿 PC와 스마트 TV를 교내 와이파이에 연결하고 다음 실습을 따라 해보세요. 10초 안에 연결될 겁니다.

갤럭시 탭 – '스마트 뷰'로 화면 미러링하기

01. 태블릿 PC 화면을 위에서 아래로 두 번 스크롤해서 내리면 다음과 같은 설정 창이 나옵니다. 여기에서 [스마트 뷰 ◉]를 탭합니다.

> 태블릿 PC와 스마트 TV 모두 교내 같은 와이파이에 연결되어 있어야 합니다!

02. Smart View 창이 뜨면 [태블릿 → 다른 기기]를 선택하고 오른쪽 목록에서 사용하는 스마트 TV를 선택합니다.

03. [전체 화면] 모드와 [멀티 뷰] 모드를 선택하는 팝업 창이 나타납니다. [전체 화면] 모드를 선택하고 〈지금 시작〉을 누르면 바로 미러링이 시작됩니다.

▶ 전체 화면: 태블릿 PC 화면만 보임
▶ 멀티 뷰: 태블릿 PC 화면과 스마트 TV에 연결된 교사의 PC 화면이 함께 보임

04. 화면에 나와 있는 [Smart View] 버튼을 누르면 [화면 비율 변경], [일시 정지], [멀티 뷰], [연결 해제] 등을 선택할 수 있습니다.

05. [Smart View] 버튼의 오른쪽 위에 있는 ⚙를 누르면 미러링을 더욱 자세하게 설정할 수 있습니다.

[실험실]에서 [90° 회전]을 누르면 세로 화면을 나타낼 수도 있습니다.

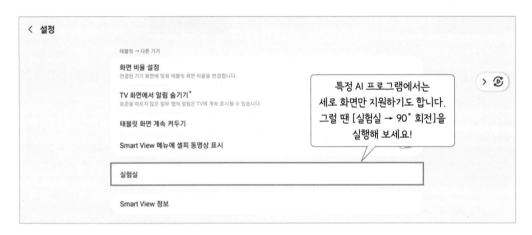

🤖 **하면 된다!** ## 아이패드 − '에어플레이'로 화면 미러링하기

01. 아이패드와 스마트 TV를 동일한 와이파이에 연결합니다.

02. 아이패드 화면의 오른쪽 위 모서리 부분을 위에서 아래로 쓸어내려 제어 센터를 엽니다.

[화면 미러링 ] 버튼을 탭합니다.

▶ iOS11 및 이전 버전일 경우 화면의 아래쪽 가장자리에서 쓸어올립니다.

03. 화면 미러링 목록에서 교실에서 사용하는 스마트 TV를 선택합니다.

스마트 TV 화면에 AirPlay 암호가 나타나면 아이패드에 암호를 입력합니다.

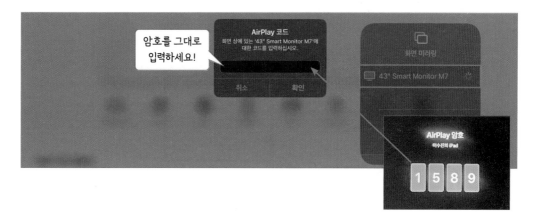

04. 미러링이 실행되면 아이패드 화면이 그대로 스마트 TV 화면에 나타납니다.

05. 아이패드의 미러링을 중단하려면 제어 센터를 열고 [화면 미러링 ] 버튼을 탭한 다음 [미러링 중단]을 탭합니다.

태블릿 PC의 사진을
컴퓨터로 바로 옮겨요! – 센드 애니웨어

AI 수업을 하면 학생들의 다양한 결과물이 나옵니다. 센드 애니웨어
Send Anywhere 앱을 활용하면 이 결과물을 5초 만에 친구들, 선생님에게
보내 공유할 수 있습니다. 용량 제한도 없고 언제 어디서나 6자리 숫
자만 알면 누구나 쉽게 파일을 공유할 수 있습니다. 번거롭게 카카오
톡이나 이메일 등을 사용할 필요가 없지요. AI 수업뿐만 아니라 평소
업무를 처리할 때도 센드 애니웨어 앱을 사용해 보세요!

센드 애니웨어 앱

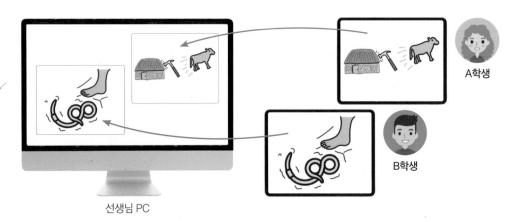

하면 된다! 센드 애니웨어 앱으로 쉽고 간편하게 파일 전송하기

01. 태블릿 PC에서 플레이 스토어를 실행해 '센드 애니웨어' 앱을 설치합니다.

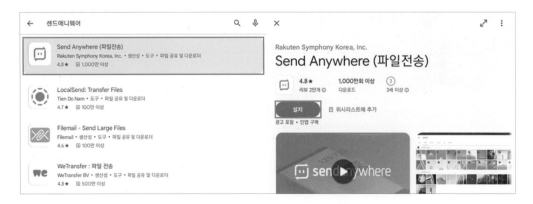

02. 교사용 PC에서도 크롬 브라우저를 열고 '센드 애니웨어'를 검색해 웹사이트에 들어갑니다. [다운로드]를 눌러 프로그램을 설치합니다. 이렇게 프로그램을 설치해 두면 계속 사용할 수 있어서 편리합니다.

▶ 만약 교실 외 공간에서 사용해야 한다면 프로그램을 설치하지 않고 웹사이트에서 바로 파일을 공유할 수도 있습니다.

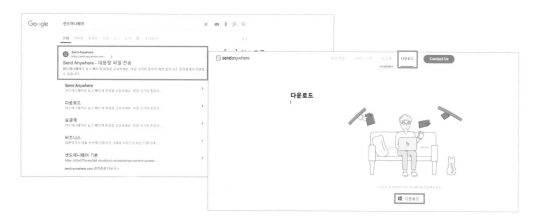

03. 다시 태블릿 PC로 돌아와서 센드 애니웨어 앱 을 실행합니다. 사진과 동영상에 접근할 수 있도록 팝업 창이 떴을 때 [허용]하고, 알림은 [허용 안함]을 선택합니다.

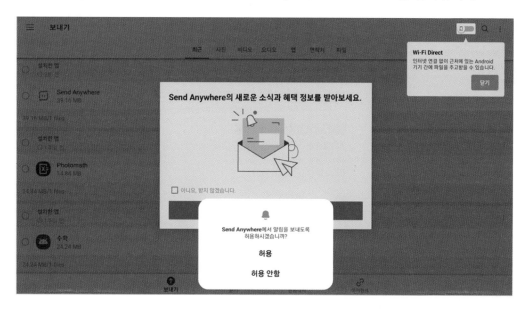

04. 공유하고 싶은 파일이나 사진을 선택하고 [보내기] 버튼을 누릅니다. 그러면 6자리 번호가 나타납니다.

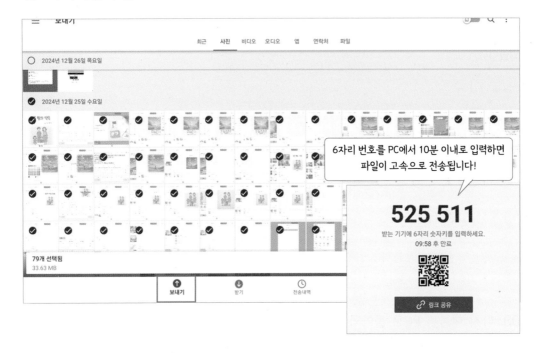

05. PC의 센드 애니웨어 프로그램을 실행하고, 6자리 번호를 입력한 후 〈확인〉 버튼을 누릅니다. 한 번 더 [다운로드 ⬇️] 버튼을 누르면 파일이나 사진 전송이 완료됩니다.

06. [전송 내역]에 마우스를 올렸을 때 나타나는 를 클릭하면 내려받은 파일이 있는 폴더가 열립니다.

07. 다운로드 폴더를 변경하고 싶다면 ⚙️를 눌러 [파일 전송 → 다운로드 폴더]에서 바꿉니다.

교실 환경 준비 3 · 학습 결과물을 한곳에 모아요! – 패들렛

AI 수업을 하다 보면 학생들이 만든 다양한 결과물이 나옵니다. 이러한 결과물을 전체 학생들과 공유한다면 더욱 활발하게 소통하고 영감을 받아 더 멋진 결과물을 완성할 수 있죠. 패들렛Padlet 앱을 활용하여 학생들의 결과물을 온라인에 전시하고 공유해 보세요. 역할극이나 협동 작품을 만들 때 사용하면 매우 효율적입니다.

패들렛 앱

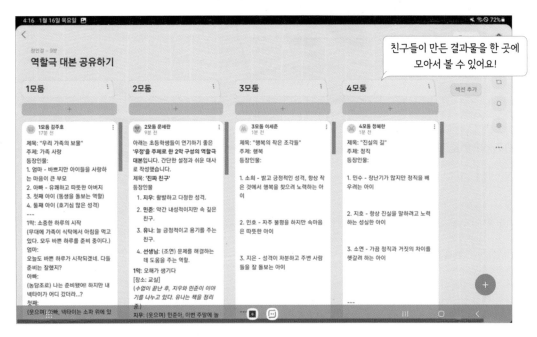

 하면 된다! | **패들렛으로 학습 게시판 만들기**

01. 태블릿 PC에서 플레이 스토어를 실행해 'Padlet' 앱을 설치합니다.

02. 앱을 실행하면 다음 화면이 나오는데 〈가입하기〉 버튼을 누르고 [구글로 가입하기]를 선택합니다. ▶ 마이크로소프트나 애플 계정으로 가입해도 상관없습니다.

03. 멤버십 선택 화면이 나오면 무료 버전인 [Neon]을 선택합니다.

Platinum	Padlet 무제한개 500MB / 업로드	€17.99 / 월 €119.99 / 년	계속
Gold	Padlet 20개 100MB / 업로드	€11.99 / 월 €84.99 / 년	계속
Neon	Padlet 3개 20MB / 업로드	무료	계속

04. 화면 오른쪽 위에 있는 〈Padlet 만들기〉 버튼을 눌러 게시판을 생성합니다.

학생들은 〈Padlet 합류하기〉를 선택하여 선생님이 만들어 둔 게시판에 들어갈 수 있습니다.

05. 오른쪽에 다양한 기능 창이 뜨면 [새 게시판]을 선택하고 [담벼락] 형식을 선택합니다.

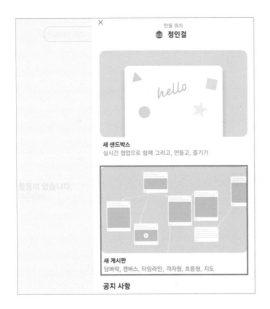
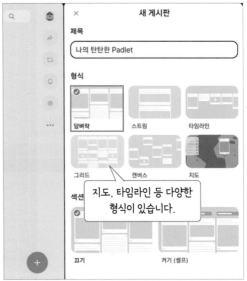

06. 화면 오른쪽에서 ⚙를 눌러 나오는 창에서 게시판의 제목과 크기 등을 설정합니다.
[섹션별로 게시물 그룹화]를 클릭해 활성화하면 모둠별로 공유할 수도 있습니다.
[댓글]이나 [좋아요] 기능도 활용하면 학생들과 작업물을 감상할 때 좋습니다.

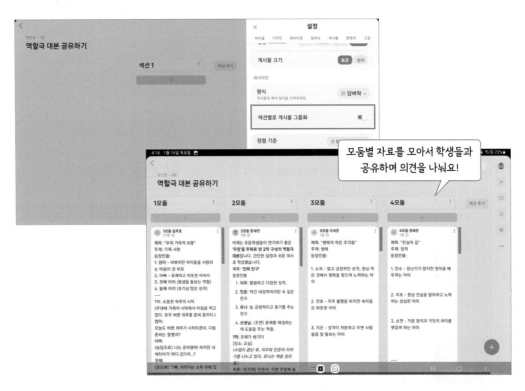

패들렛으로 만든 학급 게시판 QR 코드로 공유하기(교사용)

01. 오른쪽에 있는 를 탭합니다.

02. [링크]에서 [QR 코드 생성하기]를 선택하면 학급 게시판의 QR 코드가 생성됩니다.

03. QR 코드가 나타나면 교사의 태블릿 PC를 교실의 스마트 TV로 미러링해 학생들이 접속할 수 있도록 합니다.   ▶ 화면 미러링 방법: 16쪽 [교실 환경 준비 1] 참고

패들렛에 학습 결과물 올리기(학생용)

01. 선생님이 스마트 TV 화면에 공유한 QR 코드를 카메라 앱으로 촬영합니다. QR 코드가 스캔되면 패들렛 링크를 누를 수 있습니다.

▶ 패들렛 메인 화면에서 [Padlet 합류하기]를 눌러 QR 코드를 스캔할 수도 있습니다.

02. 학급 게시판에 들어왔다면 오른쪽 아래에 있는 ➕를 눌러 학습 결과물을 공유합니다.

03. 제목을 입력하고 학습 결과물을 복사해 입력합니다. 이미지라면 사진 아이콘을 눌러 삽입합니다. [제출]을 누르면 게시판에 결과물이 업로드됩니다.

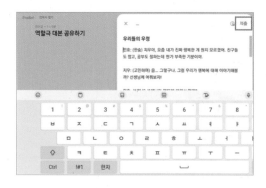 

AI 프로그램 11가지 설치하기

이 책에서 사용하는 AI 프로그램 11가지를 소개합니다. 챗GPT부터 캔바, 오토드로우, 크롬 뮤직 랩, 구글 아트 & 컬처 등 쉽고 간단해서 AI 수업에 바로 적용할 수 있는 필수 프로그램만 엄선했습니다.

| 챗GPT | 캔바 | 오토드로우 | 구글 아트 & 컬처 | 크롬 뮤직 랩 | 스크루블리 |

| 구글 맵스 | AI 포 오션 | 미리캔버스 | 수학 AI | 포토매스 |

AI 프로그램 1   챗GPT

내가 모르는 것이나 만들기 힘든 콘텐츠를 다른 사람이 쉽고 간단하게 대신 만들어 주면 얼마나 좋을까요? 챗GPT^ChatGPT는 인공지능을 기반으로 한 생성형 AI 프로그램으로, 사전에 학습한 대규모 언어 데이터를 기반으로 다양한 콘텐츠를 만들 수 있습니다.

챗GPT

챗GPT는 단답식 질문부터 정보 전달식 질문, 창의적인 질문 등 내용에 따라 다양한 형태로 질문하면 정확한 답변을 받을 수 있고, 사용자 맞춤형으로 훈련시킬 수도 있습니다.

이 책에서는 실제로 만나기 힘든 사람들과 직업인을 가상으로 인터뷰하고 동화 만들기, 역할극 대본 작성하기 등 콘텐츠를 생성하는 데 활용합니다.

▶ [수업 03], [수업 04], [수업 23], [수업 27], [수업 29]

❶ 검색 창: 채팅한 내용 중에서 검색할 수 있습니다.

❷ 채팅 목록: 채팅한 목록을 확인할 수 있습니다.

❸ 설정: [맞춤 설정], [유료 구독], [데이터 제어], [음성], [로그아웃] 등을 설정할 수 있습니다.

❹ 키워드 검색: 자주 사용하는 키워드를 입력해 검색할 수 있습니다.

❺ 메시지 창: 프롬프트를 입력하여 채팅할 수 있습니다.

❻ 이미지 업로드: 이미지를 업로드하거나 사진을 촬영하여 채팅할 수 있습니다.

❼ 음성 입력: 음성을 녹음하여 채팅할 수 있습니다.

❽ 웹사이트 검색: 채팅 결과에서 관련된 웹사이트로 이동할 수 있도록 표시합니다.

❾ 음성 채팅: 음성으로 채팅할 수 있습니다.

▶ 앱 설치 방법: 플레이 스토어에서 '챗GPT'를 검색해 내려받으세요.

AI 프로그램 2) 캔바

캔바^{Canva}는 다양한 템플릿을 활용하여 디자인에 필요한 이미지를 만들거나 영상을 편집하는 AI 프로그램입니다. 포스터, 소셜 미디어 그래픽, 명함 등 캔바의 다양한 템플릿을 활용하면 학생들도 간단하게 콘텐츠를 만들 수 있습니다.

이 책에서는 크리스마스 영어 카드, 시화 작품 등을 만들 때 캔바를 사용합니다. 그림을 그리지 못해도, 전문 디자인 기술이 없어도 다양한 형태로 콘텐츠를 만들 수 있습니다.

캔바

▶ [수업 24], [수업 30]

❶ 디자인: 다양한 템플릿을 선택할 수 있습니다.

❷ 요소: 아이콘, 도형, 그래픽, 투표, 사진, 동영상 등을 검색하여 삽입할 수 있습니다.

❸ 텍스트: 문자를 삽입할 수 있습니다.

❹ 갤러리: 태블릿 PC에 저장된 이미지를 삽입할 수 있습니다.

❺ 브랜드 센터: 통일된 요소, 자료, 로고 등을 관리할 수 있습니다.

❻ 업로드 항목: 업로드한 이미지, 동영상, 오디오 등을 확인할 수 있습니다.

❼ Draw: 직접 그림을 그리거나 낙서할 수 있습니다.

❽ 프로젝트: 지금까지 작업한 내용을 불러올 수 있습니다.

❾ AI 툴: AI를 활용하여 페이지 번호, 매직 라이트 등 다양한 기능을 사용할 수 있습니다.

❿ 프레젠테이션: [발표자 노트], [길이], [타이머]를 설정할 수 있습니다.

⓫ 공유: 저장하거나 인쇄, 공유, 링크 복사 등을 할 수 있습니다.

⓬ 캔버스: 작업 화면이 나타납니다.

▶ 앱 설치 방법: 플레이 스토어에서 '캔바'를 검색해 내려받으세요.

AI 프로그램 3   오토드로우

삐뚤빼뚤한 그림을 누군가 대신 완성해 준다면 얼마나 좋을까요?
오토드로우AutoDraw는 그림 그리는 데 부담을 갖고 어려워하는 학생들
을 위한 AI 프로그램입니다. 학생들이 간단하게 스케치만 해도 이미
지를 인식해서 가장 비슷한 그림으로 대체해 주거든요.

오토드로우

이 책에서는 나의 특징을 표현하는 일러스트, 반 티셔츠 디자인, 로고
디자인, 배경 화면 만들기, 포스터 만들기 등 생활 속에서 자주 활용하는 디자인을 만들
어 봅니다.   ▶ [수업 01], [수업 02], [수업 12], [수업 14], [수업 15], [수업 16]

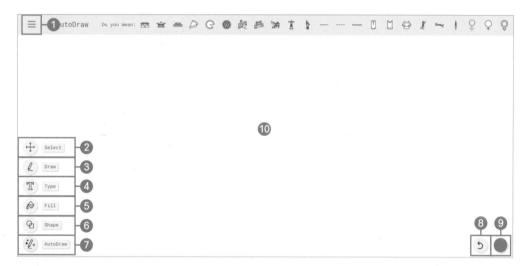

1 메뉴: 재시작, 다운로드, 공유 등을 할 수 있습니다.

2 Select(선택) 툴: 이미지를 선택하여 이동합니다.

3 Draw(그리기) 툴: AI 기능을 활용하지 않고 사용자가 이미지를 직접 그립니다.

4 Type(문자) 툴: 문자를 삽입합니다.

5 Fill(채우기) 툴: 이미지에 색상을 입힙니다.

6 Shape(도형) 툴: 원, 사각형, 삼각형을 그립니다.

7 AutoDraw(오토드로우) 툴: AI 기능을 활용하여 이미지를 만듭니다.

8 되돌리기 툴: 이전 작업 상태로 되돌립니다.

9 색상 팔레트 툴: 채우기나 문자를 입력할 때 칠할 색상을 선택합니다.

10 스케치 화면: 이미지를 작업하는 화면입니다.

▶ 오토드로우 웹사이트 링크: www.autodraw.com

AI 프로그램 4) 구글 아트 & 컬처

전 세계의 다양한 예술 작품이나 활동을 교실에서 볼 수 있다면 얼마나 좋을까요? **구글 아트 앤 컬처**Art & Culture는 온라인에서 예술과 문화를 체험할 수 있는 AI 프로그램입니다. 세계 각국의 미술관, 박물관 관람뿐만 아니라 다양한 형태의 예술 놀이를 AI를 활용하여 체험할 수 있습니다.

구글 아트 & 컬처

이 책에서는 찰흙 없이 도자기 만들기, 전 세계 미술작품 감상하기 등을 해봅니다.　　　　　　　　　　　　　　　　　　▶ [수업 08], [수업 11]

구글 아트 & 컬처 앱의 [재생] 탭 화면입니다.

❶ 하이라이트: 주요 기능을 소개합니다.

❷ 실험실: 음악 실험, 문화 실험 등을 체험할 수 있습니다.

❸ 카메라: 카메라를 이용하여 체험할 수 있습니다.

❹ 게임: 게임 형태로 음악 실험, 문화 실험 등을 체험합니다.

❺ 추천: 신규로 추천해 주는 프로그램이 뜹니다.

❻ 미술과 AI의 만남: AI를 활용하여 미술 작품을 다양한 방법으로 감상할 수 있습니다.

❼ 게임 추천: 즐겁게 참여할 수 있는 게임을 추천합니다.

▶ 구글 아트 & 컬처 웹사이트 링크: artsandculture.google.com

AI 프로그램 5 크롬 뮤직 랩

크롬 뮤직 랩Crome Music Lab은 악기를 연주하고 음악을 편곡하는 등 다양한 형태의 음악 활동을 체험할 수 있는 AI 프로그램입니다. 피아노 연주, 작곡, 리듬 연주, 칸딘스키 등 쉽고 재미있게 음악을 체험할 수 있습니다.

이 책에서는 크롬 뮤직 랩을 활용하여 리듬 만들기, 편곡하기, 악기 연주하기 등을 하면서 학생들이 쉽고 재미있게 음악을 경험합니다.

▶ [수업 05], [수업 06], [수업 19], [수업 20], [수업 25], [수업 26]

크롬 뮤직 랩

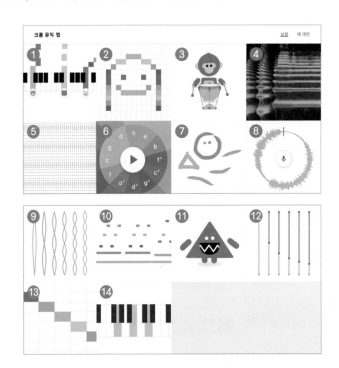

① Shared piano: 함께 피아노 연주하기
② Song maker: 편곡하거나 작곡하기
③ 리듬 연주: 다양한 리듬 만들기
④ 스펙트로그램: 소리의 높낮이 확인하기
⑤ 음파: 소리의 파동 확인하기
⑥ 아르페지오: 다양한 패턴으로 연주하기
⑦ 칸딘스키: 낙서를 음악으로 바꾸기
⑧ 보이스 스피너: 속도를 다르게 한 음악 듣기

⑨ 화음: 음에 맞는 화음 만들기
⑩ 피아노 롤: 재생 피아노로 연주하기
⑪ 오실레이터: 오실레이터 연주하기
⑫ 현: 현의 연주 방법 터득하기
⑬ 멜로디 메이커: 멜로디 만들기
⑭ 코드: 3개의 음표로 기본 코드 만들기

▶ 크롬 뮤직 랩 웹사이트 링크:
  musiclab.chromeexperiments.com

AI 프로그램 6 스크루블리

신체의 움직임을 인식하고 똑같이 따라 하는 AI를 본 적 있나요?
스크루블리Scroobly는 신체가 움직이는 대로 살아 있는 애니메이션을
만드는 프로그램입니다. 기존에 있는 이미지를 활용하거나 학생들이
직접 그린 이미지를 활용하여 움직이는 애니메이션을 만들 수 있어요.
이 책에서는 재미있고 창의적인 움직이는 AI 이모티콘을 만들어 봅니다.

스크루블리

▶ [수업 07]

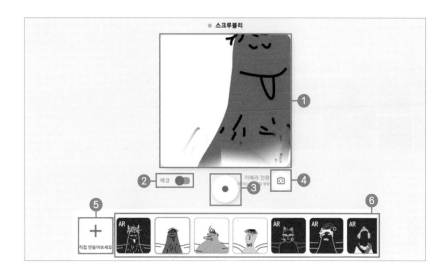

❶ 카메라 화면: 태블릿 PC 캠으로 찍은 화면을 볼 수 있습니다.

❷ 배경: 배경을 없애거나 볼 수 있습니다.

❸ 녹화: 애니메이션을 녹화합니다.

❹ 카메라 전환: 카메라의 방향을 전환합니다.

❺ 이미지 만들기: 캐릭터를 직접 만들 수 있습니다.

❻ 템플릿 활용: 이미 만들어진 캐릭터를 선택하여 활용할 수 있습니다.

▶ 스크루블리 웹사이트 링크: www.scroobly.com

AI 프로그램 7) 구글 맵스

비행기를 타지 않고도 클릭 한 번으로 세계 여러 명소를 가 볼 수 있습니다. **구글 맵스**^{Google Maps}는 전 세계 곳곳을 찾아볼 수 있는 AI 프로그램입니다. 스트리트 뷰, 위성사진, 이머시브 뷰 등 다양한 기능을 활용하여 가 보고 싶은 명소를 검색할 수 있습니다.

이 책에서는 온라인으로 세계 일주를 하며 학생들이 가 보고 싶었던 명소를 간접 체험해 봅니다.

구글 맵스

▶ [수업 09]

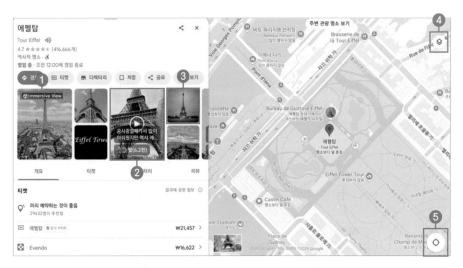

1 이머시브 뷰: 3D로 만든 이미지여서 장소를 입체적으로 살펴볼 수 있습니다.

2 동영상: 동영상으로 장소를 살펴볼 수 있습니다.

3 사진: 사진으로 장소를 살펴볼 수 있습니다.

4 지도 유형: 위성 지도, 지형도, 3D, 스트리트 뷰 등을 선택할 수 있습니다.

5 현 위치: 현재 위치를 선택할 수 있습니다.

▶ 앱 설치 방법: 플레이 스토어에서 '구글 맵스'를 검색해 내려받으세요.

AI 프로그램 8 AI 포 오션

게임 형태로 인공지능의 원리를 알아보고, 생태 교육을 할 수 있다면 어떨까요? AI 포 오션^{AI for Ocean}은 학생들이 AI를 직접 학습시키면서 해양 생태계를 공부합니다. 게임을 하면서 머신러닝의 기본 개념을 학습하고 해양 생태계의 오염 상태와 윤리 문제도 생각해 볼 수 있습니다.

AI 포 오션

이 책에서는 학생들이 AI에게 '이것이 물고기인지 아닌지' 구분해 학습시켜서 머신러닝 AI를 만들고, 해양 생태계를 지키는 방법을 생각해 봅니다. ▶ [수업 13]

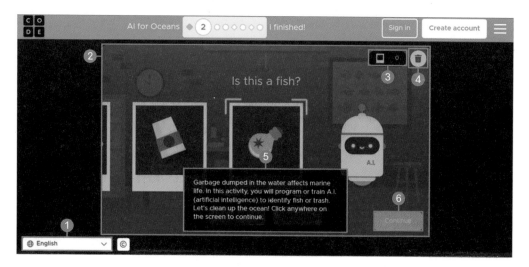

❶ 언어: 한국어로 바꿀 수 있습니다.

❷ 메인 화면: 안내 메시지가 나오며 AI를 학습시키는 공간입니다.

❸ 샘플 수: AI를 학습시킨 데이터 수를 나타냅니다.

❹ 휴지통: 학습시킨 AI를 삭제하고 다시 시작할 수 있습니다.

❺ 안내 메시지: 해양 생태계와 관련된 메시지가 나타납니다.

❻ 실행 버튼: 다음 화면으로 넘어갑니다.

▶ AI 포 오션 웹사이트 링크: studio.code.org/s/oceans/lessons/1/levels/1

AI 프로그램 9 미리캔버스

미리캔버스^{Miri Canvas}는 무료로 제공하는 템플릿으로 콘텐츠를 편집하는 AI 프로그램입니다. 직관적인 편집 기능과 템플릿을 활용해 SNS용 이미지, 전자책, PPT 등을 간단하게 만들 수 있습니다.
이 책에서는 학생들이 직접 내용을 구성한 식물도감, 세계 명소 소개 책자 등을 만들어 봅니다. ▶ [수업 10], [수업 22], [수업 28]

미리캔버스

❶ 템플릿: 다양한 템플릿을 선택할 수 있습니다.

❷ 프로젝트: 자신이 지금까지 작업한 내용을 불러올 수 있습니다.

❸ 사진: 태블릿 PC에 있는 이미지를 삽입할 수 있습니다.

❹ 업로드 항목: 업로드한 이미지, 동영상, 오디오 등을 확인할 수 있습니다.

❺ 요소: 아이콘, 도형, 그래픽, 표, 사진, 동영상 등을 검색하여 삽입할 수 있습니다.

❻ 텍스트: 문자를 삽입할 수 있습니다.

❼ AI 도구: AI를 활용하여 사진, 로고, 일러스트, 캐릭터 등을 만들 수 있습니다.

❽ 크리에이터: 콘텐츠 작가들의 템플릿 세트를 선택할 수 있습니다.

❾ 데이터: 차트, 인포그래픽 등의 디자인을 선택해 사용할 수 있습니다.

❿ 메인 화면: 콘텐츠를 수정하는 상황을 확인할 수 있습니다.

⓫ 다운로드: 저장하거나 인쇄, 공유, 링크 복사 등을 할 수 있습니다.

▶ 앱 설치 방법: 플레이 스토어에서 '미리캔버스'를 검색해 내려받으세요.

수학 AI, 포토매스

수학 문제를 AI로 확인하며 공부한다면 얼마나 좋을까요? 구글에서 만든 수학 AI와 포토매스PhotoMath는 수학 공부를 도와주는 AI 프로그램입니다. 수학 AI 앱을 사용하면 학생 스스로 자신의 수준에 맞게 공부할 수 있습니다. 또한 포토매스 앱을 실행하고 카메라로 모르는 문제를 촬영하면 풀이 과정을 애니메이션으로 보여 줍니다.

이 책에서는 학생들이 AI를 활용하여 스스로 수학 문제를 풀고 쉽고 재미있게 공부하는 방법을 알려 줍니다.

▶ [수업 17], [수업 18]

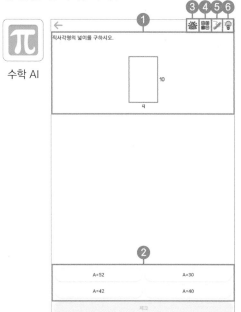

수학 AI

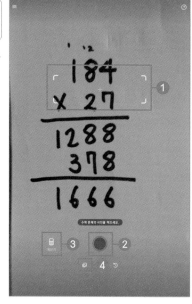

포토매스

① 문제: 메인 화면에 문제가 나타납니다.

② 보기: 답을 고를 수 있습니다.

③ 오류: 답이 잘못 되었을 때 앱 개발자에게 오류를 보냅니다.

④ 계산기: 계산기로 검산합니다.

⑤ 필기: 펜으로 쓸 수 있습니다.

⑥ 예제: 풀이 과정을 확인할 수 있습니다.

▶ 앱 설치 방법: 플레이 스토어에서 '수학 AI'를 검색해 내려받으세요.

① 인식: 카메라로 문제를 인식합니다.

② 촬영: 촬영할 때 사용하는 버튼입니다.

③ 계산기: 계산기로 검산할 수 있습니다.

④ 갤러리: 저장된 사진을 불러올 수 있습니다.

▶ 앱 설치 방법: 플레이 스토어에서 '포토매스'를 검색해 내려받으세요.

생성형 인공지능의 종류를 소개합니다!

생성형 인공지능Generative AI은 단순히 기존 데이터를 분석하는 것을 넘어 텍스트, 이미지, 오디오, 비디오, 코드 등 새로운 콘텐츠를 만들고 문제를 해결하는 데 초점을 맞춘 인공지능의 한 종류입니다. 생성형 AI는 크게 다섯 분야로 나눌 수 있습니다.

텍스트 생성형 AI	프롬프트를 입력하여 텍스트를 생성하는 인공지능. 소설, 시, 각본, 뉴스, 보고서, 연설문, 자기소개서 등을 생성합니다. (예) 챗GPTChatGPT, 제미나이Gemini, 코파일럿Copilot, 클로바 XCLOVA X, 뤼튼wrtn
이미지 생성형 AI	프롬프트를 입력하여 이미지를 생성하는 인공지능. 미술 작품, 일러스트, 애니메이션 이미지, 각종 디자인 등을 생성합니다. (예) 미드저니Midjourney, 달리DALL-E, 스테이블 디퓨전Stable Diffusion
오디오 생성형 AI	프롬프트를 입력하여 오디오를 생성하는 인공지능. 음악, 더빙, BGM(배경 음악) 등을 생성합니다. (예) 주크박스JukeBox, 아이바AIVA, 타입캐스트Typecast, 앰퍼 뮤직Amper Music
비디오 생성형 AI	프롬프트를 입력하여 비디오를 생성하는 인공지능. 유튜브 영상, 숏폼 영상 등을 생성하고 영상을 편집할 수도 있습니다. (예) 소라Sora, 런웨이Runway AI, 딥 브레인Deep Brain AI, 브루Vrew
코드 생성형 AI	프롬프트를 입력하여 프로그램 개발 코드를 생성하는 인공지능. 코딩을 보조하고, 자동화 스크립트를 생성합니다. (예) 깃허브GitHub 코파일럿, 커서Cursor AI, 알파코드AlphaCode, 탭나인Tabnine

▶ 프롬프트prompt란 AI에게 내리는 명령어 또는 질문을 말합니다.

▶ 이 책에서는 사용자의 특성을 고려해 챗GPT, 미리캔버스, 캔바 등 비교적 쉽게 사용할 수 있는 AI 프로그램을 다룹니다. 각 분야에서 예를 든 프로그램은 해당 AI를 전문적으로 다룰 때 사용하는 것을 추천합니다.

나를 표현하는
AI 일러스트 그림

AI 그림으로 나를 표현할 수 있다면 얼마나 좋을까요?

첫 시간에는 구글의 AI 프로그램인 오토드로우^{AutoDraw}를 활용하여 자신이 좋아하는 것을 그림으로 그려 자기소개를 합니다. 이후 친구들이 누구를 표현한 그림인지 알아맞히는 활동을 하면서 낯설고 어색한 신학기 초 분위기를 개선하고 친밀감과 유대감을 조성해 봅니다.

[수업 01]에서는 AI 그림을 그린 후에 친구를 알아맞히고, [수업 02]에서는 이 그림을 업그레이드하여 태블릿 PC에 배경 화면으로 저장한 후 발표해 봅니다.

A학생
축구와 라면

 B학생
비행기와 빵, 폰

 C학생
헤드폰과 일기장

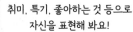 취미, 특기, 좋아하는 것 등으로
자신을 표현해 봐요!

 D학생
배구공과 바나나

 E학생
사과와 드럼

 F학생
기타와 과학 실험

▶ **활동 시간:** 40~45분

▶ **준비물:** 태블릿 PC, 활동지(프린트물)

▶ **AI 프로그램:** 구글 오토드로우

▶ **수업에서 체험하는 AI 기술:** 이미지 인식 센서

▶ **관련 교과:** 유아 미술, 초등 미술, 창의적 체험활동

▶ **기대 효과**

　① 그림에 자신 없는 학생도 소외감을 느끼지 않고 자신을 표현할 수 있습니다.

　② AI로 자신이 좋아하는 것을 표현하여 친구들에게 알리고 소통함으로써 신학기 초 첫
　　수업에서 친밀감과 유대감을 조성합니다.

학습 목표

▶ 나를 표현하는 상징을 찾아 친구들에게 자기소개를 합니다.

▶ 오토드로우 AI를 사용하여 자신의 상징을 시각적인 그림으로 표현합니다.

▶ 친구의 그림과 소개를 통해 친구를 알아 가고 관심사를 질문합니다.

막막한 AI 수업, 이렇게 진행하세요!

1 흥미 유발

"내가 좋아하고, 잘하는 것은 무엇일까?"

▶ 자신이 잘하는 것과 좋아하는 것 등을 생각해 보기

▶ 자신을 어떤 상징으로 표현할지 생각해 보기

🎯 **학습 목표 제시** | AI 그림으로 친구 알아맞히기 놀이를 해봅시다.

2 수업 진행

수업 준비 오토드로우 웹사이트 접속하기

▶ 태블릿 PC에서 크롬을 실행하고 오토드로우 웹사이트에 접속해 보기

▶ 오토드로우 기능을 사용해 보고 간단하게 연습해 보기

🤖 **하면 된다!** 나를 나타내는 그림 스케치하기

▶ 자신이 나타내고 싶은 것을 활동지에 스케치하기

🤖 **하면 된다!** 오토드로우로 자기소개 그림 그리기

▶ 자신을 소개할 그림을 오토드로우로 그려 보기

▶ 작품을 두 개 이상 그려 보고 색칠도 하기

⏱️ **수업 종료 10분 전!** 친구 알아맞히기 놀이하기

▶ 그림을 보고 어떤 친구를 나타냈는지 맞혀 보기

▶ 친구들이 자신의 그림을 맞히면 일어서서 간단히 자기소개하기

▶ 친구들의 이름과 특징을 기억하면서 적극적으로 활동하기

3 정리

▶ 활동하면서 알게 된 점, 재미있었던 점 등 발표하기

▶ 오토드로우를 활용하면서 느낀 점 발표하기

"AI 그림으로 자신을 표현해 보세요."

AI로 일러스트레이션 그림을 그려 자신을 표현하고, 이를 바탕으로 친구를 알아맞히는 수업입니다. 신학기 초 어색한 만남에서 자신을 소개하고, 친구를 알아 가며 유대감을 조성하기에 좋습니다.

구글 오토드로우

학생들 스스로 자신을 상징하는 취미, 특기 등을 오토드로우 AI로 표현합니다. 이때 그림을 못 그리는 친구도 AI를 활용하면 자신감을 가지고 그림을 그릴 수 있습니다. 그림을 그린 후에는 어떤 친구의 그림인지 알아맞혀 보고, 자신의 그림이 나오면 친구들에게 자기소개를 하고 다양하게 교류하도록 유도해 보세요.

 하면 된다! **나를 나타내는 그림 스케치하기**

여러분은 자신을 어떤 그림으로 표현하고 싶나요? 다음 예시 작품을 보고 나를 표현하는 그림을 스케치해 보세요.

✎ 활동지

> 활동지는 이지스퍼블리싱 홈페이지 (www.easyspub.co.kr)의 자료실에서 받을 수 있습니다.

🔖 수업01_활동지.hwp

[예시] 자동차와 야구

하면 된다! **오토드로우 AI로 자기소개 그림 그리기**

01. 크롬 앱을 실행하고 '오토드로우'를 검색해 웹사이트에 들어갑니다.

크롬 앱

02. ⟨Start Drawing⟩ 버튼을 탭하면 빈 창이 뜨며 그림을 그릴 수 있습니다.
이때 모든 쿠키를 허용하기 위해 화면 아래에 있는 ⟨OK, got it⟩ 버튼을 눌러 줍니다.

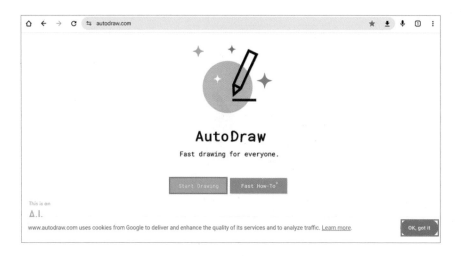

03. 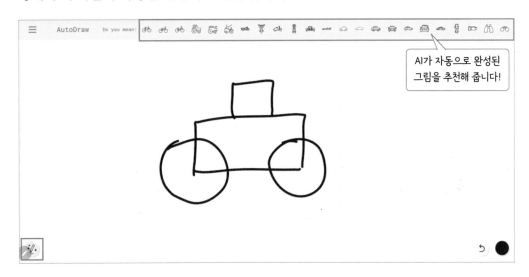도구를 누르고 자신을 나타내는 그림을 그려 봅니다. AI가 자동으로 그림을 완성해 주니 사물의 특징을 간단히 그리면 됩니다.

> AI가 자동으로 완성된
> 그림을 추천해 줍니다!

04. 화면 위에 나타난 비슷한 그림 중에 마음에 드는 그림을 선택합니다.
마음에 드는 그림이 없으면 ↺ 버튼을 눌러 다시 그릴 수 있습니다.

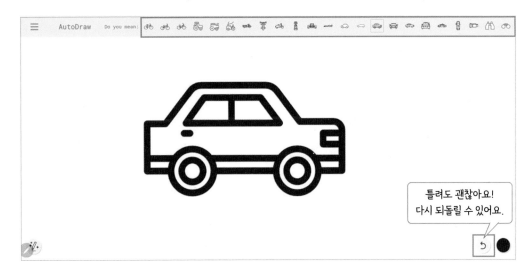

> 틀려도 괜찮아요!
> 다시 되돌릴 수 있어요.

05. 같은 방법으로 자신을 나타내는 그림을 그리고, 화면 위에 있는 AI 추천 그림에서 가장 마음에 드는 것을 선택합니다.

06. 도구를 누르고 오른쪽 아래 동그라미를 눌러 색상을 바꾸고 색을 칠해 보세요. 그림에서 선을 클릭하면 선의 색이 바뀌고, 면을 클릭하면 면의 색이 바뀝니다.

여기를 클릭해 색을 바꿀 수 있습니다.

07. 그림을 완성했다면 왼쪽 위에서 ☰를 클릭하고 [Download]를 선택합니다.
완성한 그림은 센드 애니웨어 앱을 활용하여 교사 PC로 전송하도록 안내합니다.

▶ 센드 애니웨어 앱 사용법: 20쪽 [교실 환경 준비 2] 참고

수업 종료 10분 전!	친구 알아맞히기 놀이하기

▶ 그림을 보고 어떤 친구의 그림인지 맞혀 봅니다.

▶ 친구들이 자신의 그림을 맞히면 일어서서 간단히 자기소개합니다.

▶ 친구들의 이름과 특징을 기억하면서 적극적으로 활동합니다.

태블릿 PC 배경 화면 만들기

A학생

여행

B학생

스포츠

C학생

음식

D학생

과일

실과
(정보)

▶ **활동 시간:** 40~45분

▶ **준비물:** 태블릿 PC, 활동지(프린트물)

▶ **AI 프로그램:** 구글 오토드로우

▶ **수업에서 체험하는 AI 기술:** 이미지 인식 센서

▶ **관련 교과:** 유아 미술, 초등 미술, 창의적 체험활동

▶ **기대 효과**

① 자신이 좋아하는 것을 생각하고, 이를 태블릿 PC 배경 화면으로 만들어 봅니다.

② AI로 그림을 간단하면서도 쉽게 그리고, 자신의 감성을 표현하는 기회를 가집니다.

학습 목표

▶ 오토드로우로 태블릿 PC 배경 화면 만드는 방법을 설명할 수 있습니다.

▶ 오토드로우로 나만의 태블릿 PC 배경 화면을 만들 수 있습니다.

▶ 생활 속에서 인공지능 프로그램에 관심을 가지고 활용하려는 태도를 가질 수 있습니다.

막막한 AI 수업, 이렇게 진행하세요!

1 흥미 유발

"여러분의 태블릿 PC 또는 스마트폰 배경 화면은 무엇인가요?"

▶ 자신이 사용하는 태블릿 PC 또는 스마트폰 배경 화면 소개하기
▶ 태블릿 PC 배경 화면을 어떻게 그릴지 구상하기

🎯 **학습 목표 제시** | 오토드로우로 태블릿 PC 배경 화면을 만들어 봅시다.

2 수업 진행

🤖 **하면 된다!** 태블릿 PC 배경 화면을 활동지에 스케치하기

▶ 태블릿 PC 배경 화면을 어떤 테마로 디자인할지 구상하기
▶ 자신이 선택한 테마에 어울리는 일러스트 스케치하기

🤖 **하면 된다!** 오토드로우로 태블릿 PC 배경 화면 만들기

▶ 자신이 사용할 태블릿 PC 배경 화면을 오토드로우로 그려 보기
▶ 텍스트와 도형도 사용하도록 안내하기

⏱ **수업 종료 10분 전!** 우리 반 교실 배경 화면 선정하기

▶ 친구들이 그린 배경 화면 공유하기
▶ 투표로 우리 반 교실에서 사용할 컴퓨터 배경 화면 선정하기
▶ 공용 컴퓨터에 배경 화면으로 적용하기

3 정리

▶ 활동하면서 알게 된 점, 재미있었던 점 등 발표하기
▶ 오토드로우를 활용하면서 느낀 점 발표하기

"태블릿 PC 배경 화면을 직접 만들어 봐요."

태블릿 PC 배경 화면을 만드는 수업입니다. 앞서 [수업 01]에서 오토
드로우를 사용해 보았으니 한결 쉬울 것입니다.

주제는 자유롭게 하되 '여행', '자연', '스포츠', '음식' 등과 같이 테마
를 예시로 주면 학생들이 자신만의 배경 화면을 더욱 쉽게 만들 수 있
습니다. 또한 이번 수업에서는 텍스트 추가 기능을 경험할 수 있도록
소개합니다.

구글 오토드로우

 하면 된다! **태블릿 PC 배경 화면을 활동지에 스케치하기**

여러분의 태블릿 PC 또는 스마트폰 배경 화면으로 어떤 것을 그리고 싶나요? 좋아하는
테마를 선택하고 일러스트를 구상해 스케치해 봅니다.

활동지 | 예시 작품을 참고하여 배경 화면을 스케치해 봅니다.　　　　　🖺 수업02_활동지.hwp

예시	자신이 선택한 테마
여행 테마	

오토드로우 AI로 태블릿 PC 배경 화면 만들기

01. 태블릿 PC를 세로로 세워서 작업합니다. 크롬 앱을 실행해 오토드로우 웹사이트에 들어갑니다.

▶ [수업 01] 내용을 참고해 진행하세요.

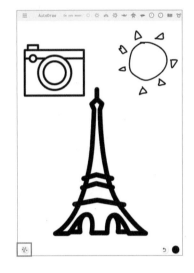

02. 도구를 누르고 배경 화면 테마에 맞게 자신이 그리고 싶은 그림을 그려 봅니다. 그림을 잘 그리지 못하더라도 괜찮다고 격려하며 간단히 사물의 특징을 잘 나타내도록 유도합니다.

03. 학생이 선택한 테마에 맞게 최대한 많이 그린 후 그중에 몇 가지를 선택합니다.

04. 그림을 다 그렸다면 보기 좋게 배치할 차례입니다. ⊕ 도구를 누르고 그림을 클릭합니다. 그림 주위로 파란색 박스가 뜨면 모서리를 드래그해 크기를 조절합니다. 그림 안쪽을 클릭하고 드래그하면 위치를 바꿀 수 있습니다.

05. 도구를 누르고 색상을 선택한 후 그림을 클릭해 색을 채워 넣습니다.
배경에도 색을 채워 넣습니다. 이때 지나치게 하나의 색만을 사용하지 않고 조화롭게
사용하도록 안내합니다.

06.  (T) 도구를 선택하고 화면을 클릭해 자신의 테마를 글로 써 봅니다.
위쪽 바에서 글꼴과 글자 크기를 바꿀 수 있습니다. 오른쪽 아래 동그라미 ● 를 눌러 글자 색상도 바꿀 수 있습니다.

07. 배경 화면을 완성했다면 왼쪽 ☰ 를 탭하고 [Download]를 선택해 다운로드합니다. 센드 애니웨어 앱을 활용하여 교사의 PC로 보냅니다.

▶ 센드 애니웨어 앱 사용법: 20쪽 [교실 환경 준비 2] 참고

수업 종료 10분 전!	우리 반 교실 컴퓨터 배경 화면 선정하기

▶ 친구들이 그린 배경 화면을 공유합니다.
▶ 투표로 우리 반 교실 컴퓨터에 사용할 배경 화면을 선정합니다.
▶ 선정한 배경 화면을 교실 컴퓨터에 적용합니다.

챗GPT로
인터뷰하기

역사 속 인물이나 성공한 직업인을 만나 이야기를 나눌 수 있다면 얼마나 좋을까요?
2주 차에는 오픈 AI의 챗GPT 앱을 활용해서 직접 만나기 힘든 역사 속 인물은 물론 다양한
직업인과 가상 인터뷰를 해보는 수업을 진행합니다.
[수업 03]에서는 AI로 역사 속 인물과 가상 인터뷰를 하고, [수업 04]에서는 자신이 관심 있
는 분야의 직업인과 가상 인터뷰를 합니다.

A학생

이순신 장군과 가상 인터뷰하기

B학생

세종대왕과 가상 인터뷰하기

– 챗GPT

사회

▶ **활동 시간:** 40~45분

▶ **준비물:** 태블릿 PC, 활동지(프린트물)

▶ **AI 프로그램:** 챗GPT 앱

▶ **수업에서 체험하는 AI 기술:** 음성 인식 센서

▶ **관련 교과:** 유아 인물, 통합 교과, 초등 사회, 초등 국어, 중등 국어, 중등 사회, 창의적 체험활동

▶ **기대 효과**

① 실제 만날 수 없는 역사 속 인물과 AI를 활용하여 인터뷰하면서 평소 궁금했던 내용을 질문하고 대답을 듣습니다.

② 음성으로 AI와 소통하고 다양한 내용을 인터뷰하는 간접 경험을 합니다.

학습 목표

▶ 챗GPT로 역사 속 인물을 인터뷰하는 방법을 설명할 수 있습니다.

▶ 챗GPT로 역사 속 인물을 인터뷰합니다.

▶ 챗GPT를 활용하면서 느낀 장점을 생활 속에서 적극 활용하는 태도를 가집니다.

막막한 AI 수업, 이렇게 진행하세요!

1 흥미 유발

"가장 존경하는 역사 속 인물은 누구인가요?"

▶ 자신이 알고 있는 역사 속 인물 이야기하기

▶ 자신이 인터뷰하고 싶은 역사 속 인물 발표하기

🎯 **학습 목표 제시** | 챗GPT로 역사 속 인물을 인터뷰해 봅시다.

2 수업 진행

수업 준비 **챗GPT 앱 설치하기**

▶ 플레이 스토어에서 챗GPT 앱을 다운로드하고 구글 계정으로 로그인하기

🤖 **하면 된다!** **활동지에 인터뷰 질문 적어 보기**

▶ 인터뷰하고 싶은 인물 2명 선정하기

▶ 인터뷰에서 물어보고 싶은 질문 2개 이상씩 적기

🤖 **하면 된다!** **챗GPT로 역사 속 인물 인터뷰하기**

▶ [음성 인식] 버튼을 눌러 창을 변환하고 인물의 성별에 맞게 목소리 바꾸기

▶ 역사 속 인물에게 준비한 질문을 하고 활동지에 답변 요약해서 작성하기

▶ 준비한 질문 외에 추가로 질문하기

⏱ **수업 종료 10분 전!** **간단한 보고서를 작성하여 친구들과 공유하기**

▶ 인터뷰한 내용을 바탕으로 간단한 보고서 작성하기

▶ 친구들과 함께 보고서 공유하고 발표하기

3 정리

▶ 활동하면서 알게 된 점, 재미있었던 점 등 발표하기

▶ 챗GPT를 활용하면서 느낀 점 발표하기

"가상으로 역사 속 인물을 인터뷰해 봐요!"

챗GPT를 활용하여 역사 속 인물을 인터뷰하는 수업입니다. 과거에 살았던 인물과 인터뷰하면서 그때의 심정과 궁금한 점, 하고 싶은 말을 물어보고, 그 시대의 분위기와 인물의 생각을 간접 체험할 수 있습니다. 인터뷰 결과를 정리하여 간단한 보고서를 써서 친구들과 공유해 보겠습니다.

챗GPT 앱

▶ 13세 미만의 아이들은 챗GPT를 직접 사용하지 않고 선생님이 사용하는 것을 보기만 해야 합니다. 또한 13세에서 18세 사이의 아이들은 챗GPT를 사용하기 전에 법적 보호자의 동의를 받아야 합니다. 가정통신문 등을 통해 보호자 동의를 받은 후 수업을 진행하세요.

▶ 이지스퍼블리싱 홈페이지(www.easyspub.co.kr)의 자료실에서 가정통신문 양식을 제공합니다.

오픈 AI에서 설명하는
교육 방침을 반드시 확인하세요!

| 하면 된다! | ## 활동지에 인터뷰 질문 적어 보기 |

역사 속 인물 중 누구를 좋아하나요? 인터뷰하고 싶은 인물 2명을 선정하고 질문을 2개 이상 적어 보세요.

✨ **활동지** | 챗GPT로 역사 속 인물 인터뷰하기   📄 수업03_활동지.hwp

인터뷰하고 싶은 인물	이순신 장군님
물어보고 싶은 질문	1. 처음에 왜적이 침입했을 때 어떤 마음이셨나요? 2. 노량해전에서 12척만 남았을 때 어떤 생각으로 전투에 임하셨나요?
답변 요약	1. 2.
인터뷰하고 싶은 인물	
물어보고 싶은 질문	1. 2.
답변 요약	1. 2.

챗GPT로 역사 속 인물 인터뷰하기

01. 플레이 스토어에서 '챗GPT'를 검색해 앱을 설치합니다.

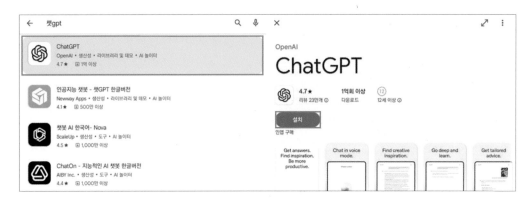

02. 앱을 실행한 후 오른쪽 윗부분의 〈회원 가입〉 버튼을 누릅니다.

[Google로 계속하기]를 눌러 태블릿 PC에 설정되어 있는 구글 계정으로 로그인합니다.

03. 학생 계정으로 계속 진행합니다.

04. 챗GPT 앱에 들어가면 화면 오른쪽 아래에 〈고급 음성 모드 〉 버튼이 보입니다. 버튼을 눌러 인터뷰합니다.

05. 권한 허용 메시지가 뜨면 [앱 사용 중에만 허용]을 눌러 사용합니다.

06. 음성 인식 대화창이 뜨면 "당신이 ○○○이라고 생각하고 답해줘."라고 말하고 활동지에 미리 적어놓은 질문으로 인터뷰합니다.

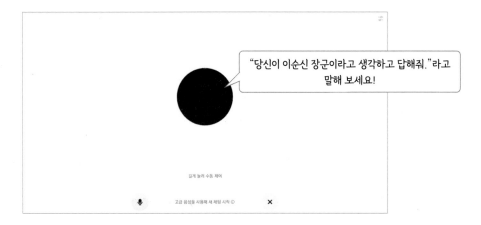

"당신이 이순신 장군이라고 생각하고 답해줘."라고 말해 보세요!

하면 된다! | **목소리를 바꿔 다른 인물 인터뷰하기**

01. 한 명의 인터뷰가 끝나고 다른 인물을 할 때에는 목소리를 바꿔 진행합니다. 왼쪽 아래에 있는 ⋯ 버튼을 눌러서 설정에 들어갑니다.

02. [음성] 항목을 누르면 9가지 목소리가 나옵니다. 역사 속 인물의 성별과 어울릴 것 같은 목소리를 선택하여 설정합니다.

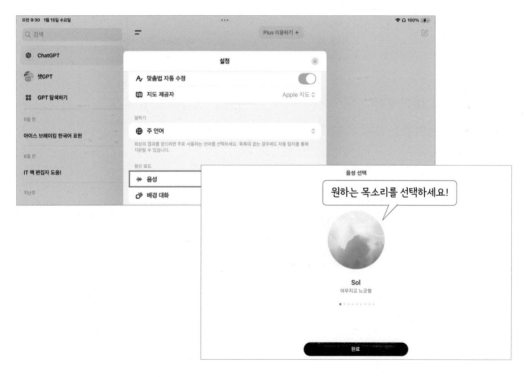

03. 다시 한번 인터뷰를 진행하고 인터뷰한 내용을 활동지에 작성합니다. 대화 내용은 채팅창에 따로 남기 때문에 모든 내용을 적지 않고, 핵심 내용만 적도록 안내합니다.

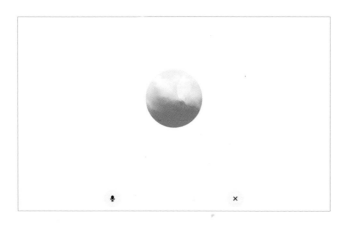

04. 채팅창으로 다시 나가서 인터뷰할 때 놓쳤던 내용을 다시 확인하면서 활동지에 기록합니다.

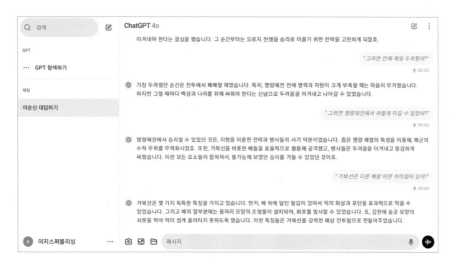

⏱ **수업 종료 10분 전!** | **간단한 보고서를 작성하여 친구들과 공유하기**

▶ 인터뷰한 내용을 바탕으로 간단한 보고서 작성하기

▶ 친구들과 함께 작성한 보고서 공유하기

A학생

경찰과 가상 인터뷰하기

B학생

의사와 가상 인터뷰하기

— 챗GPT

실과
(정보)

▶ **활동 시간:** 40~45분

▶ **준비물:** 태블릿 PC, 활동지(프린트물)

▶ **AI 프로그램:** 챗GPT 앱

▶ **수업에서 체험하는 AI 기술:** 음성 인식 센서

▶ **관련 교과:** 유아 인물, 통합 교과, 초등 사회, 초등 국어, 중등 국어, 중등 사회, 창의적 체험활동

▶ **기대 효과**

① 다양한 직업인과 평소 궁금했던 내용을 인터뷰하면서 간접 경험을 합니다.

② 평소 관심을 가졌던 직업을 자세히 알아보는 기회를 가집니다.

③ 직업을 미리 준비하는 방법을 알게 됩니다.

학습 목표

▶ 챗GPT로 다양한 직업인을 인터뷰하는 방법을 설명할 수 있습니다.

▶ 챗GPT로 다양한 직업인을 인터뷰합니다.

▶ 챗GPT를 활용하여 다양한 직업을 적극적으로 탐색하는 태도를 가집니다.

막막한 AI 수업, 이렇게 진행하세요!

1 흥미 유발

"어떤 직업이 궁금한가요?"

▶ 자신이 되고 싶거나 궁금했던 직업 발표하기

▶ 인터뷰하고 싶은 직업인 정하기

🎯 **학습 목표 제시** | 챗GPT로 다양한 직업인을 인터뷰해 봅시다.

2 수업 진행

수업 준비 챗GPT 앱 설치하기

▶ 플레이 스토어에서 챗GPT 앱을 다운로드하고 구글 계정으로 로그인하기

🤖 **하면 된다!** 활동지에 인터뷰 질문 적어 보기

▶ 인터뷰하고 싶은 직업의 대표 인물 2명 적기

▶ 인터뷰에서 물어보고 싶은 질문 2개 이상 적기

🤖 **하면 된다!** 챗GPT로 다양한 직업인 인터뷰하기

▶ [음성 인식] 버튼을 눌러 창을 변환하고 인물의 성별에 맞게 목소리 바꾸기

▶ 다양한 직업인에게 준비한 질문을 하고 활동지에 답변 요약해서 작성하기

▶ 준비한 질문 외에 추가로 질문하기

⏱ **수업 종료 10분 전!** 간단한 설명문을 작성하여 친구들과 공유하기

▶ 인터뷰한 내용을 바탕으로 간단한 설명문 작성하기

▶ 친구들과 함께 설명문 공유하고 발표하기

3 정리

▶ 활동하면서 알게 된 점, 재미있었던 점 등 발표하기

▶ 챗GPT를 활용하면서 느낀 점 발표하기

"여러분은 어떤 직업이 궁금한가요?"

실제로 만나기 힘든 다양한 직업인을 챗GPT를 활용하여 인터뷰해
보면서 직업의 세계를 알아보는 수업입니다. 챗GPT로 직업인에게
궁금했던 내용이나 힘든 점, 지금부터 무엇을 준비해야 하는지 알아
보고 간단하게 기록해 보는 활동을 합니다. 인터뷰한 내용을 요약한
뒤 친구들과 공유하는 활동으로 수업을 마무리합니다.

챗GPT 앱

 하면 된다! | **활동지에 인터뷰 질문 적어 보기**

인터뷰하고 싶은 직업인 두 가지를 적고 물어보고 싶은 질문도 2개 이상 적어 보세요.

✏️ **활동지** | 챗GPT로 다양한 직업인 인터뷰하기   📄 수업04_활동지.hwp

인터뷰하고 싶은 직업인	
궁금한 점	1. 2.
답변 요약	1. 2.
인터뷰하고 싶은 직업인	
궁금한 점	1. 2.
답변 요약	1. 2.

챗GPT로 다양한 직업인 인터뷰하기

01. 챗GPT 앱을 실행합니다. 오른쪽에 [고급 음성 모드 ] 버튼을 눌러 인터뷰를 진행합니다.

02. 앱 화면에 경고 창이 뜨면 [앱 사용 중에만 허용]을 선택하고, 9개의 목소리 중에서 원하는 목소리를 선택합니다.

03. 음성 인식 대화창이 뜨면 "당신이 ○○○이라고 생각하고 답해줘."라고 말하며 활동지에 미리 적어둔 직업인으로 역할을 설정합니다. 궁금한 점이나 미리 적어둔 질문을 물어보고 중요한 내용을 적어 둡니다.

04. 인터뷰가 끝나면 채팅창으로 다시 나가서 인터뷰할 때 놓쳤던 내용을 다시 확인하면서 활동지에 기록합니다.

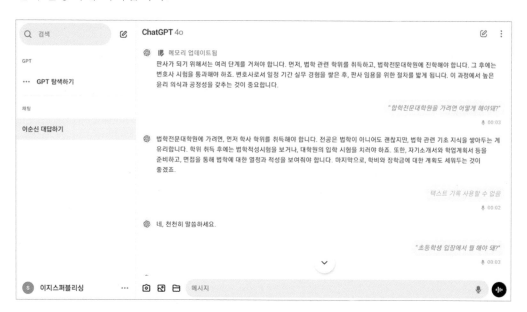

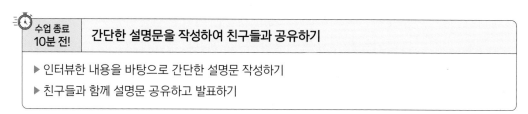

수업 종료 10분 전! | **간단한 설명문을 작성하여 친구들과 공유하기**

▶ 인터뷰한 내용을 바탕으로 간단한 설명문 작성하기
▶ 친구들과 함께 설명문 공유하고 발표하기

챗GPT와 비슷한 AI 프로그램을 알아봐요!

챗GPT와 비슷한 텍스트 생성형 AI 프로그램도 많은데요. 대표적으로 5가지를 살펴보겠습니다.

챗GPT

오픈AI에서 개발한 GPT를 기반으로 하는 대화형 인공지능 서비스로, 텍스트 생성형 인공지능의 대표적인 프로그램입니다. 2025년 2월 기준으로 챗GPT-4o를 서비스하고 있으며 텍스트와 이미지를 중심으로 생성할 수 있습니다.

▷ 챗GPT 웹사이트: chatgpt.com

제미나이

구글과 딥마인드에서 개발한 인공지능 서비스로, 텍스트·이미지·오디오·비디오 등을 생성할 수 있습니다. 2025년 2월 기준으로 2.0 버전을 서비스하고 있으며, 빠른 답변 속도와 문학적 능력이 우수하다는 평을 받습니다.

▷ 제미나이 웹사이트: gemini.google.com

코파일럿

마이크로소프트에서 개발한 대화형 인공지능 서비스로, 예전에는 빙Bing 또는 빙 챗Bingchat으로 불렸습니다. 답변을 찾아 주는 속도와 정확도가 챗GPT와 거의 비슷하다는 평을 받습니다.

▷ 코파일럿 웹사이트: copilot.microsoft.com

클로바 X

네이버에서 개발한 대화형 인공지능 서비스로, 국내 기업에서 만들어 한국어 능력이 우수합니다. 네이버와 관련된 다양한 프로그램에서 활용할 수 있고, 한국어 능력이 뛰어나 창작과 번역 등에 강점을 보인다는 평을 받습니다.

▷ 클로바 X 웹사이트: clova-x.naver.com

뤼튼

국내 뤼튼테크놀로지스에서 개발한 대화형 인공지능 서비스로, 대부분의 기능을 무료로 사용할 수 있습니다. 챗GPT의 기능 제한을 보완하기 위해 뤼튼을 함께 사용하는 사람들이 크게 늘고 있다고 합니다.

▷ 뤼튼 웹사이트: wrtn.ai

음표를 몰라도 할 수 있는
AI 리듬 놀이

3주 차에는 구글의 크롬 뮤직 랩Crome Music Lab 리듬 AI 프로그램으로 리듬을 만들며 다양한 활동을 해봅니다.
[수업 05]에서는 AI로 리듬을 만들어 술래잡기 놀이를 하고, [수업 06]에서는 리듬을 만들어 친구들에게 들려주어 같은 리듬을 만들어 보는 탐정 놀이를 합니다.

A학생

3박자 리듬 만들기

B학생

6박자 리듬 만들기

– 크롬 뮤직 랩 리듬 AI

체육
＋음악

▶ **활동 시간:** 40~45분

▶ **준비물:** 태블릿 PC, 활동지(프린트물)

▶ **AI 프로그램:** 구글 크롬 뮤직 랩 리듬 AI

▶ **수업에서 체험하는 AI 기술:** 동작 인식 센서

▶ **관련 교과:** 유아 음악, 초등 음악, 초등 체육, 중등 국어, 중등 체육, 창의적 체험활동

▶ **기대 효과**

① 음표나 음악 이론을 몰라도 리듬을 만들어 볼 수 있는 즐거움을 줍니다.

② AI로 만든 리듬으로 친구들과 술래잡기와 같은 다양한 신체 활동을 합니다.

학습 목표

▶ 리듬 AI로 간단한 리듬 만드는 방법을 설명할 수 있습니다.

▶ 리듬 AI로 리듬을 만들어 신체로 표현합니다.

▶ AI로 만든 리듬에 맞게 신체로 표현하는 활동에 적극 참여합니다.

막막한 AI 수업, 이렇게 진행하세요!

1 흥미 유발

"친구들과 술래잡기 놀이를 해봤나요?"

▶ 친구들과 술래잡기했던 경험 이야기해 보기

▶ 박자에 맞게 술래잡기한 경험이 있는지 이야기해 보기

🎯 **학습 목표 제시** | 리듬 AI로 리듬을 만들어 술래잡기해 봅시다.

2 수업 진행

수업 준비 **크롬 뮤직 랩의 리듬 AI 웹사이트 접속하기**

▶ 크롬 앱을 실행하고 크롬 뮤직 랩에서 리듬 AI 웹사이트에 접속하기

▶ 리듬 AI의 다양한 기능을 사용해 보고 연습하기

🤖 **하면 된다!** **활동지에 간단한 리듬 만들기**

▶ 리듬 막대를 이용하여 빠르기에 맞게 몸을 움직이기

▶ 리듬 막대에 맞춰 박수 치기

🤖 **하면 된다!** **리듬 AI로 술래잡기 리듬 만들기**

▶ 3박자에서 악기 하나만 이용하여 간단한 리듬 만들기

▶ 짝에게 들려 주며 서로의 리듬에 맞춰 박수 치기

▶ 4박자, 5박자, 6박자에서 악기 하나만 이용하여 간단한 리듬 만들기

⏱️ **수업 종료 10분 전!** **만든 리듬으로 친구들과 술래잡기하기**

▶ 리듬에 맞춰 한 발씩 움직이기

▶ 친구들이 만든 리듬에 맞춰 움직이기

▶ 친구들과 리듬에 맞춰 술래잡기하기

3 정리

▶ 활동하면서 알게 된 점, 재미있었던 점 등 발표하기

▶ 리듬 AI를 활용하면서 느낀 점 발표하기

"여러분만의 리듬을 만들어 봐요!"

AI를 활용하여 리듬을 만들어 보고서 술래잡기를 하는 수업입니다.
먼저 크롬 뮤직 랩 리듬 AI로 간단한 리듬을 만들어 봅니다. 이때 AI로
박자, 악기 등에 변화를 주면서 리듬을 만들고 그에 맞춰 신체로 표현
하는 즐거움도 느껴 봅니다. 자신이 만든 리듬으로 친구들과 함께 술
래잡기하는 활동으로 수업을 마무리합니다.

크롬 뮤직 랩 AI

 하면 된다! | **활동지에 간단한 리듬 만들기**

활동지에 동그라미로 리듬을 만들고 박수도 쳐보세요! 여기서 만든 리듬을 리듬 AI로
만들어 볼 거예요.

✨**활동지** | 리듬 AI로 술래잡기 리듬 만들기 　　　　　　　　 📄 수업05_활동지.hwp

＊ 다음과 같이 3박자, 4박자, 5박자, 6박자 리듬을 만들어 봅시다. 　　 나머지 박자도 활동지에서
　　　　　　　　　　　　　　　　　　　　　　　　　　　　　　　　　 확인해 보세요!

(예시) 3박자 리듬					
맨 아래 악기	●		●		●

나만의 리듬 만들기					
맨 아래 악기					

(예시) 4박자 리듬							
맨 아래 악기	●			●	●		●

나만의 리듬 만들기							
맨 아래 악기							

하면 된다! 리듬 AI로 술래잡기 리듬 만들기 — 3박자

01. 크롬 앱을 실행하고 '크롬 뮤직 랩'을 검색해 웹사이트에 들어갑니다. 모든 쿠키를 허용하기 위해 화면 아래쪽에 있는 〈OK, got it〉 버튼을 눌러 줍니다.
크롬 뮤직 랩 AI 프로그램 중 세 번째 [RHYTHM]을 선택하여 들어갑니다.

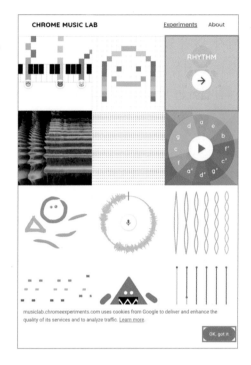

02. 가로로 태블릿을 했을 때 작동하지 않기 때문에 태블릿을 돌려 세로로 맞춥니다.
가운데 [플레이 ▶] 버튼을 눌러 프로그램에 들어갑니다.

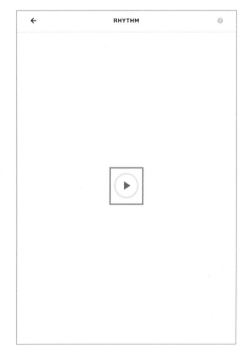

03. 3박자의 리듬을 만들어 보는 화면이 나옵니다. 리듬 막대에서 맨 아래에 있는 부분만 터치해 3박자 리듬을 만들어 봅니다.

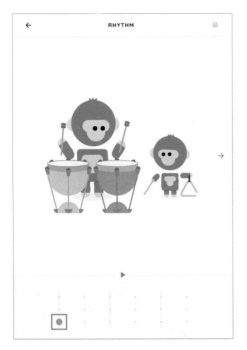

동그라미를 한 번 더 터치하면 리듬이 사라집니다.

04. 가운데 [플레이 ▶] 버튼을 누르면 박자에 맞춰 원숭이가 북을 칩니다. 여러분도 리듬에 맞춰서 직접 박수도 쳐보세요.

리듬 AI로 술래잡기 리듬 만들기 — 4박자, 5박자, 6박자

01. 오른쪽 화살표 (→)를 누르면 도깨비가 4박자 리듬을 치는 화면이 나옵니다. 마찬가지로 리듬 막대를 터치해 4박자 리듬을 만들어 보세요. 프로그램을 처음 접하기 때문에 너무 복잡한 리듬보다는 친구들과 함께 박수를 치거나 움직일 수 있는 간단한 리듬만 만들어 보게 합니다.

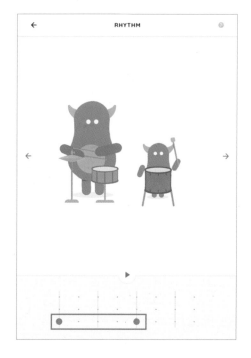

02. 5박자, 6박자에 맞게 리듬을 만들어 봅니다. 이때에도 맨 아래에 있는 악기만 사용해서 간단한 리듬부터 만들어 봅니다.

5박자 리듬 막대에 맞춰 리듬을 만들어요!

6박자 리듬 막대에 맞춰
리듬을 만들어요!

만든 리듬으로 친구들과 술래잡기하기

▶ 리듬에 맞춰 한 발씩 움직이기

▶ 친구들이 만든 리듬에 맞춰 움직이기

▶ 친구들과 리듬에 맞춰 술래잡기하기

A학생

4박자 비트 만들어 맞추기

B학생

친구가 만든 소리만 듣고
어떤 리듬인지 유추해 보세요!

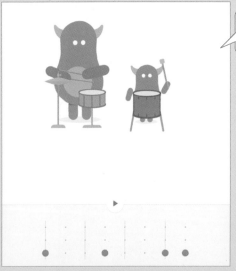
자유롭게 비트 만들어 맞추기

─ 크롬 뮤직 랩 리듬 AI

음악

▶ **활동 시간:** 40~45분

▶ **준비물:** 태블릿 PC, 활동지(프린트물)

▶ **AI 프로그램:** 구글 크롬 뮤직 랩 리듬 AI

▶ **수업에서 체험하는 AI 기술:** 동작 인식 센서

▶ **관련 교과:** 유아 음악, 초등 음악, 중등 음악, 창의적 체험활동

▶ **기대 효과**

  ① 쉽고 재미있는 방법으로 리듬을 만들어 보며 음악이 즐겁다는 인식을 줍니다.

  ② AI로 만든 리듬을 친구들과 공유하고 똑같은 리듬을 만들어 보며 음악 역량을 기릅니다.

학습 목표

▶ 리듬 AI로 리듬 만드는 방법을 설명할 수 있습니다.

▶ 리듬 AI로 리듬을 여러 박자로 만들어 봅니다.

▶ AI로 만든 리듬을 친구들과 공유하고 같은 리듬을 만드는 활동에 적극 참여합니다.

막막한 AI 수업, 이렇게 진행하세요!

1 흥미 유발

"책상을 두드리며 간단한 리듬을 배워 봐요!"

▶ 유튜브에서 '박수 놀이'를 검색해 영상을 보고 느낀 점이나 생각나는 점 발표하기

▶ 박수와 책상을 이용하여 간단한 리듬 만들기

🎯 **학습 목표 제시** │ 리듬 AI로 리듬을 만들고, 친구가 만든 리듬을 똑같이 만들어 봅시다.

2 수업 진행

🤖 **하면 된다! 활동지에 간단한 리듬 만들기**

▶ 리듬을 만들어 활동지에 적기

▶ 말로 리듬을 타며 읽어 보기

🤖 **하면 된다! 리듬 AI로 나만의 리듬 만들기**

▶ 악기 하나만 4번 사용하여 3박자, 4박자, 5박자, 6박자 리듬 만들기

▶ 악기 하나만 5번 사용하여 3박자, 4박자, 5박자, 6박자 리듬 만들기

▶ 악기 두 개를 합하여 6번 사용하여 3박자, 4박자, 5박자, 6박자 리듬 만들기

⏱️ **수업 종료 10분 전! 리듬 명탐정 놀이하기**

▶ 자신이 만든 리듬을 친구들과 공유하기

▶ 자신이 만든 리듬을 친구들이 똑같이 만들어 보기

▶ 악기 개수를 정하여 3박자, 4박자, 5박자, 6박자 순으로 리듬을 들려주고, 똑같은 리듬을 만들어 보는 활동하기

3 정리

▶ 활동하면서 알게 된 점, 재미있었던 점 등 발표하기

▶ 리듬 AI를 활용하면서 느낀 점 발표하기

"친구들의 리듬을 듣고 리듬을 유추해 보세요!"

AI를 활용하여 리듬을 만들어 보고, 그 리듬을 듣고 똑같이 만들어 보는 수업입니다. 먼저 **크롬 뮤직 랩 리듬 AI**로 3박자, 4박자, 5박자, 6박자 리듬을 만들어 보고 연주합니다. 이때 AI로 리듬, 악기 등에 변화를 주면서 다양한 리듬을 경험하고 만들어 보는 즐거움을 느낄 수 있습니다. 자신이 만든 리듬을 친구들과 공유하고 똑같은 리듬을 만들어 보는 활동으로 수업을 마무리합니다.

크롬 뮤직 랩 AI

 하면 된다! **활동지에 간단한 리듬 만들기**

✏️ **활동지** | 리듬 AI로 나만의 리듬 만들기　　　　　🗎 수업06_활동지.hwp

* 다음과 같이 3박자, 4박자, 5박자, 6박자 리듬을 만들어 봅시다.

다음 3박자 리듬을 먼저 연주해 보고, 나만의 리듬을 만들어 봅시다.					
트라이앵글	▲	▲		▲	▲	
작은북		■		■		■
큰북	●		●		●	
나만의 리듬 만들기					
트라이앵글						
작은북						
큰북						

다음 4박자 리듬을 먼저 연주해 보고, 나만의 리듬을 만들어 봅시다.								
심벌즈	▲			▲	▲			▲

작은북			■			■	■	

큰북	●		●		●		●	

나만의 리듬 만들기								
심벌즈								

작은북								

큰북								

하면 된다! **리듬 AI로 나만의 리듬 만들기**

01. 크롬 앱을 실행하고 '크롬 뮤직 랩'을 검색해 웹사이트에 들어갑니다. 모든 쿠키를 허용하기 위해 화면 아래쪽에 있는 〈OK, got it〉 버튼을 눌러 줍니다.
크롬 뮤직 랩 AI 프로그램 중 세 번째 [RHYTHM]을 선택하여 들어갑니다.

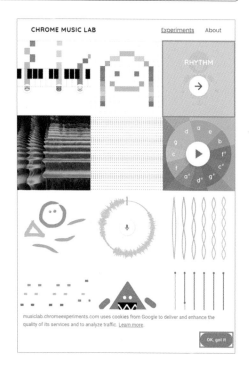

02. 가로로 태블릿을 했을 때 작동하지 않기 때문에 태블릿을 돌려 세로로 맞춥니다.
가운데 [플레이 ▶] 버튼을 눌러 프로그램에 들어갑니다.

03. 가장 먼저 나오는 3박자 리듬을 만들어
보되, 맨 아래 악기만 4번 사용하여 리듬을 만
들어 봅니다.
처음부터 많은 악기와 개수를 사용하면 복잡
하므로 악기의 종류와 리듬 개수를 제한하며
만듭니다.

04. 오른쪽 화살표 ⊕를 눌러 5박자, 6박자에서도 맨 아래 악기만 4번 사용하여 리듬
을 만들어 봅니다.

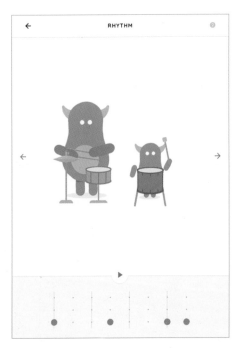

05. 이번에는 가운데 악기와 맨 아래 있는 악기를 합쳐서 6번만 사용하여 리듬을 만들어 봅니다. 5박자와 6박자 모두 똑같은 방법으로 만들어 봅니다.

06. 3개의 악기를 모두 사용하되 10번만 사용해서 리듬을 만들어 봅니다.

07. 5박자, 6박자도 똑같은 방법으로 만들어 본 후 제한 없이 자신이 만들고 싶은 리듬을 만들어 봅니다.

수업 종료 10분 전!	리듬 명탐정 놀이하기

▶ 자신이 만든 리듬을 친구들과 공유하기

▶ 자신이 만든 리듬을 친구들이 똑같이 만들어 보기

▶ 악기 개수를 정하여 3박자, 4박자, 5박자, 6박자 순으로 리듬을 들려주고, 똑같은 리듬을 만들어 보는 활동하기

움직이며 놀아 보자!
AI 신체와 안무

4주 차에는 AI와 신체 활동을 접목해 봅니다. 구글의 스크루블리Scroobly AI 프로그램을 활용해 움직이는 캐릭터를 만들고, 구글 아트 앤 컬처Art & Culture에 있는 리빙 아카이브 AI 프로그램을 사용해 재미있는 안무를 만들어 봅니다.

[수업 07]에서는 스크루블리 AI로 움직이는 이모티콘을 만들고, [수업 08]에서는 다양한 포즈를 연속하여 선택해 주제에 맞는 안무를 만들어 보고, 친구들과 함께 따라해 봅니다.

움직이는 AI 이모티콘 만들기

A학생

감정 이모티콘 만들기

B학생

감정 이모티콘 만들기

─ 스크루블리

▶ **활동 시간:** 40~45분

▶ **준비물:** 태블릿 PC, 활동지(프린트물)

▶ **AI 프로그램:** 스크루블리

▶ **수업에서 체험하는 AI 기술:** 동작 인식 센서

▶ **관련 교과:** 유아 미술, 통합 교과, 초등 미술, 초등 국어, 중등 국어, 중등 미술, 창의적 체험활동

▶ **기대 효과**
① 다양한 감정을 알고 이모티콘으로 표현합니다.
② 스크루블리 AI로 신체의 움직임을 인식하여 이모티콘으로 나타내는 경험을 합니다.

학습 목표

▶ 다양한 감정의 종류를 구분하며 설명할 수 있습니다.

▶ 스크루블리로 움직이는 이모티콘을 만듭니다.

▶ 다양한 감정을 생활 속에서 적절하게 표현하는 태도를 배웁니다.

막막한 AI 수업, 이렇게 진행하세요!

1 흥미 유발

"오늘 아침 어떤 감정을 느꼈나요?"

▶ 자신이 알고 있는 감정의 종류를 이야기하기

▶ 다양한 상황에서 자신이 느끼는 감정 생각해 보기

🎯 **학습 목표 제시** | 스크루블리 AI로 움직이는 이모티콘을 만들어 봅시다.

2 수업 진행

수업 준비 **스크루블리 웹사이트 접속하기**

▶ 크롬 앱을 실행하고 스크루블리 웹사이트에 접속하여 다양한 기능 살펴보기

▶ 이미 나와 있는 캐릭터를 활용하여 다양한 몸짓으로 표현하기

🤖 **하면 된다!** **활동지에 자신이 표현하고 싶은 감정 적어 보기**

▶ 자신이 알고 있는 여러 감정 가운데 이모티콘으로 표현하고 싶은 감정 적기

▶ 자신이 이모티콘으로 표현하고 싶은 캐릭터 정하기

▶ 표현하고 싶은 감정은 어떠한 표정과 몸짓을 사용하는지 간단히 그려 보기

🤖 **하면 된다!** **스크루블리로 움직이는 이모티콘 만들기**

▶ 활동지에 그려 놓은 캐릭터를 스크루블리에서 만들기

▶ 다양한 감정을 표정과 몸짓으로 나타내기

▶ 녹화 버튼을 눌러 움직이는 이모티콘 만들기

⏱ **수업 종료 10분 전!** **움직이는 이모티콘을 친구들과 공유하고 맞혀 보기**

▶ 움직이는 이모티콘을 친구들과 공유하기

▶ 움직이는 이모티콘을 보며 어떠한 감정을 나타내는지 맞혀 보기

3 정리

▶ 활동하면서 알게 된 점, 재미있었던 점 등 발표하기

▶ 스크루블리를 활용하면서 느낀 점 발표하기

"여러분 안에는 여러 가지 감정이 있어요."

스크루블리 AI로 캐릭터를 디자인하고 자신의 동작을 따라 움직이는 이모티콘을 만들어 봅니다. 이러한 활동을 통해 다양한 감정을 알아보고 캐릭터를 통해 자신의 감정을 표현하는 경험을 합니다. 또한 완성한 캐릭터를 친구들과 함께 공유하며, 어떤 감정을 표현한 건지 알아맞혀 보며 수업을 마무리합니다.

스크루블리 AI

 하면 된다! | **활동지에 자신이 표현하고 싶은 감정 적어 보기**

이모티콘으로 표현하고 싶은 감정을 정하고 캐릭터로 표현해 보세요.

✨ **활동지** | 스크루블리로 움직이는 이모티콘 만들기　　　📄 수업07_활동지.hwp

캐릭터 그려 보기	
표현하고 싶은 감정	
적절한 표정과 몸짓	
표현하고 싶은 감정	
적절한 표정과 몸짓	

하면 된다! **스크루블리 AI 체험하기**

01. 크롬을 실행한 후 '스크루블리'를 검색해 웹사이트로 들어갑니다.
위쪽에 창이 뜨면 쿠키를 사용할 수 있도록 〈OK〉 버튼을 선택합니다.

02. 스크루블리에서 카메라에 접속하려 한다는 메시지가 뜨면 〈허용〉을 누릅니다.

03. 태블릿 PC를 들어서 카메라로 얼굴을 비치면 얼굴에 이미 만들어져 있는 템플릿이
적용됩니다. 아래쪽에서 다양한 템플릿을 선택해 보세요.

선생님 얼굴에 재미있는
캐릭터가 입혀집니다!

04. [Background] 부분을 누르면 카메라로 보이는 부분이 사라지고 캐릭터만 남게 됩니다. 다양한 감정으로 표정을 바꾸며 캐릭터가 변하는 모습을 관찰해 보세요.

 하면 된다! **스크루블리로 움직이는 이모티콘 만들기**

01. 이번에는 앞서 스케치했던 캐릭터를 직접 만들어 보겠습니다.
왼쪽 아래에 있는 [Make your own]을 선택하여 들어갑니다.

02. 아래쪽에 다양한 몸의 형태가 나타나는데, 원하는 형태를 선택하고 〈Next〉를 누릅니다.

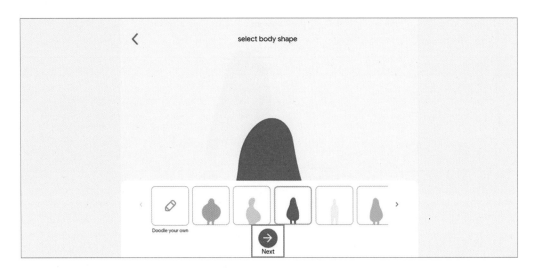

03. 검은색 선으로 골격이 나타나는데 펜이나 손을 드래그해 팔과 다리를 그립니다. 〈Preview〉를 누르면 그려진 형태가 반영되어 나타납니다.

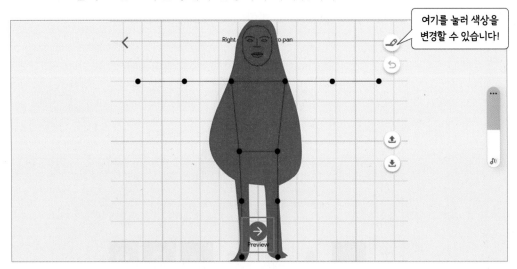

여기를 눌러 색상을 변경할 수 있습니다!

04. 이번엔 몸통까지 여러분이 원하는 형태로 그려 볼까요?

왼쪽 화살표 ⓒ를 눌러 전 단계로 돌아갑니다. 왼쪽 아래에 있는 연필 마크 ⊘를 선택합니다.

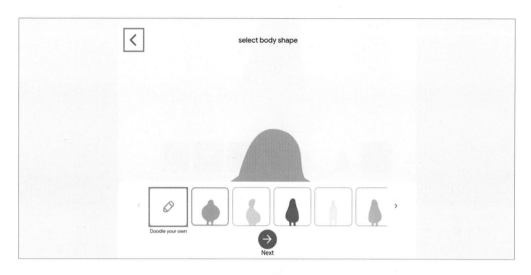

05. 활동지에 그려놓은 캐릭터대로 그려보고, 아래 중앙에 있는 〈Preview〉를 선택하여 카메라로 비춰봅니다.

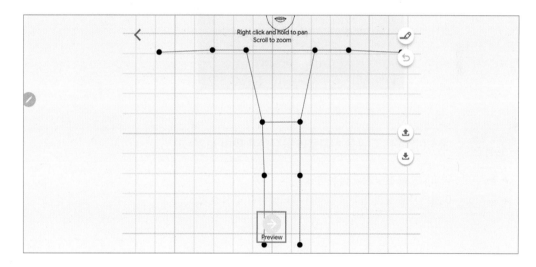

06. 녹화 버튼 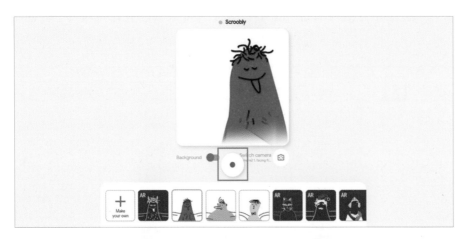 을 누르고 구상했던 대로 움직이는 이모티콘을 만듭니다.

수업 종료 10분 전!	움직이는 이모티콘을 친구들과 공유하고 맞혀 보기

▶ 움직이는 이모티콘을 친구들과 공유하기

▶ 움직이는 이모티콘을 보며 어떠한 감정을 나타냈는지 맞혀 보기

스크루블리 AI는 어떻게 내 동작을 따라 할까요?

스크루블리 AI는 카메라로 내 움직임을 인식해 캐릭터의 동작으로 구현해 주는 AI 프로그램입니다. 동작을 인식하는 스크루블리 AI 외에 음성, 이미지를 인식하는 인공지능 센서를 활용한 AI도 있습니다. 어떤 것이 있는지 알아볼까요?

1. 동작 인식 인공지능

사람이나 움직이는 물체의 동작을 인식하고 피드백을 주거나 캡처해서 활용할 수 있는 AI입니다. 스포츠나 체육 활동, 자세, 율동 등을 교정하고 피드백할 때 유용합니다.

구글 리빙 아카이브

구글 스크루블리

소니 플레이스테이션

2. 음성 인식 인공지능

언어나 소리, 음악 등을 인식하고 그에 따른 동작을 실행하는 AI입니다. 주로 인공지능 스피커, 스마트폰 인공지능 프로그램, 번역기 등에서 활용합니다.

애플 시리

갤럭시 빅스비

구글 어시스턴트

네이버 클로바

3. 이미지 인식 인공지능

이미지 속 사람, 사물, 텍스트를 인식하여 관련된 정보를 제공하는 AI입니다. 사람의 얼굴 또는 이미지를 인식하여 편집하거나 다른 이미지로 변환하고, 텍스트를 인식하여 사용자가 편집하기 편리한 형태로 변환할 때 활용합니다.

구글 렌즈

구글 번역

네이버 파파고

A학생

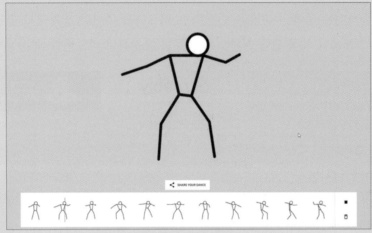
자신만의 안무 만들기

B학생

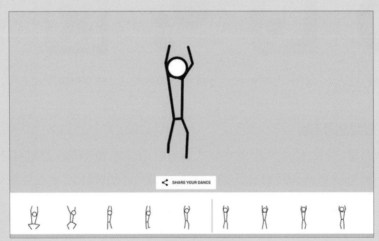
자신만의 안무 만들기

－ 리빙 아카이브 AI

▶ **활동 시간:** 40~45분

▶ **준비물:** 태블릿 PC, 활동지(프린트물)

▶ **AI 프로그램:** 리빙 아카이브 AI

▶ **수업에서 체험하는 AI 기술:** 동작 인식 센서

▶ **관련 교과:** 유아 체육, 통합 교과, 초등 체육, 중등 체육, 창의적 체험활동

▶ **기대 효과**

① 평소 소극적인 학생에게 자유롭게 신체로 표현할 수 있는 기회를 제공합니다.

② 리빙 아카이브로 다양한 신체 동작을 알아보고, 안무를 구성하는 기회를 가집니다.

체육

학습 목표

▶ 리빙 아카이브 AI로 안무를 만드는 방법을 설명할 수 있습니다.

▶ 리빙 아카이브 AI로 주제에 맞는 나만의 안무를 만듭니다.

▶ 리빙 아카이브 AI로 만든 안무를 표현하는 활동에 적극 참여합니다.

막막한 AI 수업, 이렇게 진행하세요!

1 흥미 유발

"좋아하는 노래와 안무가 있나요?"
▶ 다양한 주제를 몸으로 표현했던 경험 떠올리기
▶ 다양한 주제를 몸으로 표현해 보기

🎯 **학습 목표 제시** | 리빙 아카이브 AI로 나만의 안무를 표현해 봅시다.

2 수업 진행

수업 준비 리빙 아카이브 AI 웹사이트 접속하기
▶ 크롬 앱을 실행하고 리빙 아카이브 AI 웹사이트에 접속해 다양한 신체 동작 살펴보기
▶ 신체 동작을 연결하여 안무를 완성하는 방법 살펴보기

🤖 **하면 된다!** 활동지에 자신이 표현하고 싶은 주제의 소재 정하기
▶ 동물의 움직임을 주제로 한다면 그에 맞게 자신이 표현하고 싶은 소재인 동물 정하기
▶ 자신이 표현하고 싶은 동물의 움직임 생각해 보기

🤖 **하면 된다!** 리빙 아카이브 AI로 나만의 안무 만들기
▶ 활동지에 자신이 정한 동물의 움직임을 생각하며 동작 선택하기
▶ 찾는 동작이 없으면 웹캠으로 검색하여 안무에 추가하기
▶ 안무를 완성하고 몸으로 직접 표현하기

⏱️ **수업 종료 10분 전!** 안무를 친구들과 공유하고 동물 맞혀 보기
▶ 자신의 안무를 친구들과 공유하고 함께 따라해 보기
▶ 어떤 동물을 표현한 안무인지 함께 맞혀 보기

3 정리

▶ 활동하면서 알게 된 점, 재미있었던 점 등 발표하기
▶ 리빙 아카이브 AI를 활용하면서 느낀 점 발표하기

"좋아하는 동물을 안무와 동작으로 표현해 봐요!"

리빙 아카이브 AI에는 전문가들의 안무 동작이 데이터로 축적되어 있습니다. 이 동작을 연결해 나만의 안무를 만들어 보세요! 자신과 모둠원이 표현할 수 있는 자세를 살펴보고 제시어에 맞게 연결하여 독특한 안무를 만듭니다. 실제로 신체로 표현하며 친구들과 공유하고 가장 잘 표현한 친구를 뽑아 어떤 주제인지 맞혀 보는 활동을 합니다.

구글 리빙 아카이브

 하면 된다! **활동지에 자신이 표현하고 싶은 소재 정하기**

활동지 | 리빙 아카이브 AI로 나만의 안무 만들기   수업08_활동지.hwp

자신이 안무로 만들고 싶은 동물 정하기	예) 육지(사자, 펭귄 등), 바다(고래, 오징어 등), 하늘(독수리, 비둘기 등)
동물의 움직이는 속도	예) 평소에는 느리다가 먹이가 있을 때 매우 빠르다, 거의 움직이지 않을 정도로 느리다 등
동물이 주로 움직이는 모습	예) 어슬렁 어슬렁 걸어다닌다, 바다 속을 헤엄쳐 다닌다, 가만히 앉아있다가 날개를 펴서 날아다닌다 등

리빙 아카이브 AI로 나만의 안무 만들기

01. 크롬 앱에서 '구글 리빙 아카이브'를 검색하여 웹사이트에 들어갑니다. 리빙 아카이브만 검색하면 검색이 어려우니 앞에 구글이라는 단어를 넣어 검색하도록 합니다.

02. 모든 쿠키를 허용하기 위해 화면 아래에 있는 〈확인, 알겠습니다〉 버튼을 눌러 진행합니다.

03. 가운데 〈GET STARTED〉 버튼을 누르면 화면에 다양한 포즈의 그래픽들이 나타납니다.

04. 포즈를 하나 선택하면 아래쪽에 안무 동작으로 추가됩니다.

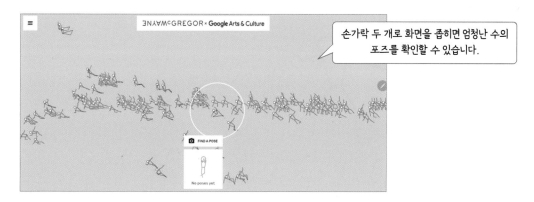

05. 자신이 선택한 포즈의 느낌표 부분을 선택하면 왼쪽에 포즈에 대한 설명과 영상이 나타나니 참고합니다.

06. 자신이 원하는 포즈를 선택하여 하나의 안무를 완성합니다.

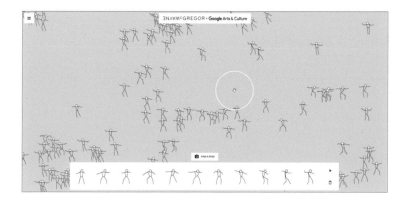

07. 아래에 있는 플레이 버튼을 눌러 자신이 완성한 안무를 확인해 봅니다.

08. 다 만들어진 안무는 〈SHARE YOUR DANCE〉 버튼을 눌러 링크를 공유하거나 저장합니다.

수업 종료 10분 전!	안무를 친구들과 공유하고 동물 맞혀 보기

▶ 자신의 안무를 친구들과 공유하고 함께 따라 해 보기

▶ 어떤 동물을 표현한 안무인지 맞혀 보기

교실에서 떠나는 세계 여행!
AI 지도 만들기

5주 차에는 구글 맵스와 미리캔버스 AI 프로그램으로 세계 명소를 간접 체험하고 소개 자료를 만들어 봅니다.

[수업 09]에서는 구글 맵스 앱으로 세계 여러 명소를 간접 체험하고, [수업 10]에서는 AI로 세계 여러 명소를 소개하는 자료를 만들어 친구들과 공유하고 소개집을 만듭니다.

A학생

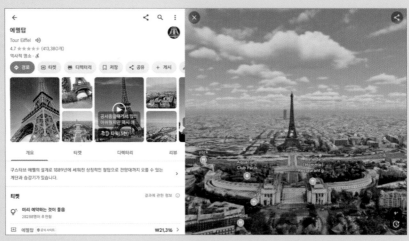

이머시브 뷰로 보는 에펠 탑

B학생

스트리트 뷰로 보는 에펠 탑

－ 구글 맵스

▶ **활동 시간**: 40~45분

▶ **준비물**: 태블릿 PC, 활동지(프린트물)

▶ **AI 프로그램**: 구글 맵스

▶ **수업에서 체험하는 AI 기술**: 음성 인식 센서, 동작 인식 센서

▶ **관련 교과**: 유아 사회, 통합 교과, 초등 사회, 중등 사회, 창의적 체험활동

▶ **기대 효과**

① 실제로 가 보지 못한 전 세계 여러 장소를 탐색하고 실제 형태를 관람하는 기회를 가집니다.

② 자신이 가고 싶은 장소를 AI로 만든 이머시브 뷰와 스트리트 뷰로 간접 체험을 합니다.

학습 목표

▶ 구글 맵스로 전 세계 명소를 탐색하는 방법을 설명할 수 있습니다.

▶ 구글 맵스로 전 세계 명소를 탐색합니다.

▶ 자신이 감명 깊게 본 명소를 공유하는 활동에 적극 참여합니다.

막막한 AI 수업, 이렇게 진행하세요!

1 흥미 유발

"꼭 가보고 싶은 여행지가 어디인가요?"

▶ 다른 나라를 여행하거나 미디어에서 봤던 경험 떠올리기

▶ 자신이 가고 싶었던 전 세계 명소 발표하기

🎯 **학습 목표 제시** | 구글 맵스로 전 세계 명소를 탐색해 봅시다.

2 수업 진행

수업 준비 **구글 맵스 앱 설치하기**

▶ 플레이 스토어에서 구글 맵스 앱을 내려받아 설치하기

▶ 구글 맵스 앱의 다양한 기능을 사용해 보며 연습하기

🤖 **하면 된다!** **활동지에 자신이 가고 싶은 장소 적기**

▶ 평소에 자신이 가고 싶었던 전 세계 명소 적어 보기

▶ 가고 싶은 곳이 없으면 선생님이 제시한 에펠 탑, 오페라 하우스 등 세계적으로 유명한 관광 명소 중에 선택하기

🤖 **하면 된다!** **구글 맵스로 전 세계 명소 탐색하기**

▶ 음성 인식 검색 도구를 활용하여 명소 검색하기

▶ 이머시브 뷰 기능을 활용하여 시간의 흐름에 따라, 또는 장소에 따라 변하는 모습 살펴보기

▶ 스트리트 뷰 기능을 활용하여 주변과 실제 모습 탐색하기

▶ 개요, 정보, 사진, 리뷰 등을 읽어 보며 중요한 내용 활동지에 적어 보기

⏱ **수업 종료 10분 전!** **자신이 가 보고 싶은 장소를 친구들과 공유하기**

▶ 자신이 가 보고 싶은 전 세계 명소 두 군데를 친구들에게 발표하기

▶ 친구들의 발표를 들어 보며 자신과 비슷하게 선택했거나 새롭게 알게 된 장소 발표하기

3 정리

▶ 활동하면서 알게 된 점, 재미있었던 점 등 발표하기

▶ 구글 맵스 앱을 활용하면서 느낀 점 발표하기

"꼭 가고 싶은 곳, 구글 맵스로 떠나 봐요!"

AI를 활용하여 전 세계 명소와 나라를 탐색하는 수업입니다.
구글 맵스의 음성 인식 기능으로 도시, 문화유산, 조형물 등을 검색하고, 이머시브 뷰와 스트리트 뷰 기능을 활용하여 탐색하고 친구들과 공유합니다. 먼저 구글 맵스 앱을 켜서 자신이 찾는 장소나 조형물 등을 검색합니다. 이어서 그곳의 이머시브 뷰와 스트리트 뷰로 여러 관점에서 탐색하고, 가장 인상 깊은 두 곳을 선정하여 친구들과 함께 소감을 공유합니다.

구글 맵스 앱

하면 된다! ┃ **활동지에 자신이 가고 싶은 장소 적기**

비행기를 타고 여행을 간다면 어느 곳에 가고 싶나요? 평소에 자신이 가고 싶었던 세계 명소 2곳을 찾아 적어 봅니다.

✨ **활동지** ┃ 구글 맵스로 전 세계 명소를 탐색하고 알아봅시다.　　📄 수업09_활동지.hwp

탐색하고 싶은 장소	
그 이유는?	
탐색하면서 새롭게 알게 된 점	
탐색하고 싶은 장소	
그 이유는?	
탐색하면서 새롭게 알게 된 점	

> 가고 싶은 곳이 없으면
> 선생님이 제시한 에펠탑, 오페라 하우스 등
> 유명 명소 중에 선택하게 하세요!

구글 맵스로 전 세계 유명 명소 탐색하기 1 – 스트리트 뷰

01. 태블릿 PC에 설치되어 있는 구글 맵스 앱을 실행합니다. 타이핑이 익숙하지 않은 아이들은 검색 옆에 있는 〈마이크 🎤〉 버튼을 눌러서 음성 인식 검색을 합니다.

▶ 앱이 설치되어 있지 않다면 플레이 스토어 또는 앱스토어에서 검색해 내려받으세요.

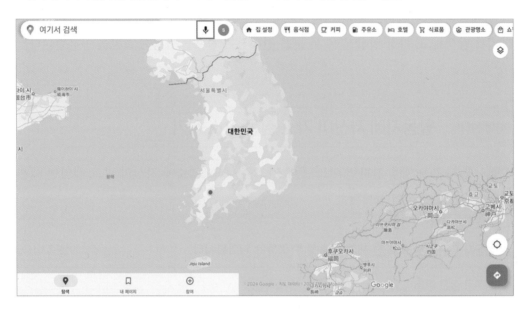

02. 음성 인식 검색을 할 때에는 해당 나라와 유명 명소를 함께 말하면 더 정확하게 검색된다는 것을 설명합니다.

03. '프랑스 에펠탑'을 연습으로 검색해 봅니다.
에펠탑을 눌러 다양한 정보들을 살펴봅니다.

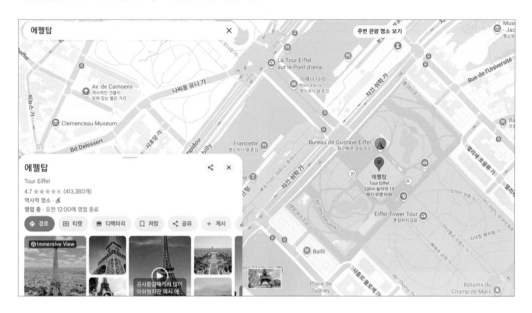

04. 오른쪽 위에 있는 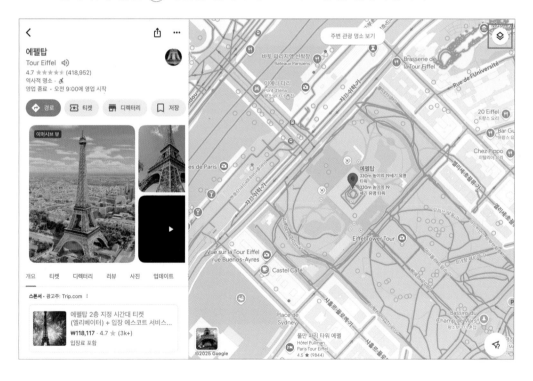버튼을 선택하여 스트리트 뷰를 활성화합니다.

05. 파란색 선 부분을 클릭하면 길에서 볼 수 있는 화면으로 전환되고 더욱 실감나게 탐색할 수 있습니다.

06. 에펠탑 내부에 있는 파란색 선을 선택하면 에펠탑의 2층, 3층, 3.5층에서 다양한 장면을 볼 수 있습니다.

07. 에펠탑 주위에 있는 길을 선택하여 바깥에서도 에펠탑을 감상해 봅니다.

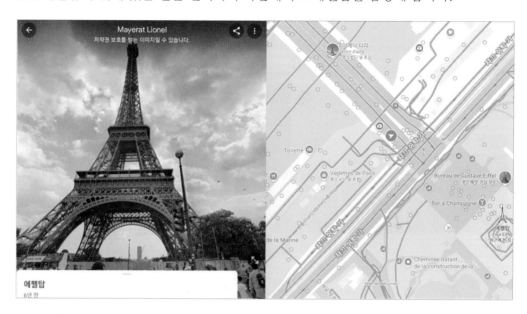

하면 된다! **구글 맵스로 전 세계 유명 명소 탐색하기 2 – 이머시브 뷰**

01. 화살표를 눌러 전 화면으로 돌아간 뒤, 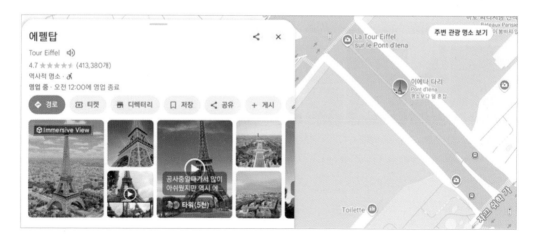 버튼을 눌러 스트리트 뷰를 해제합니다. '이머시브 뷰'라고 써 있는 사진을 선택합니다.

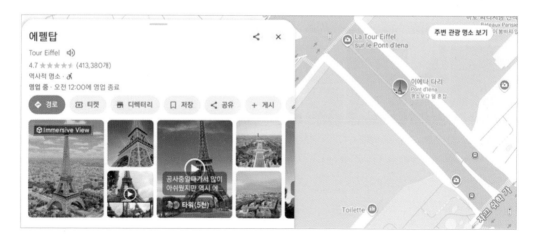

02. '이머시브 뷰'는 몰입할 수 있는 관점에서 볼 수 있도록 3D로 보여준다는 것을 안내합니다. 스트리트 뷰와 다르게 인공지능 기술을 이용하여 만든 몰입형 뷰 기술임을 설명합니다.

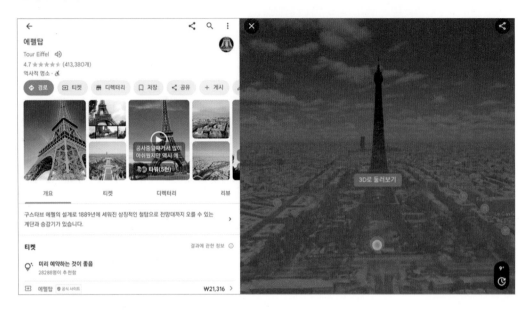

03. 이머시브 뷰 창에서 확대하거나 축소하여 다양한 관점에서 에펠탑을 탐색해 봅니다.

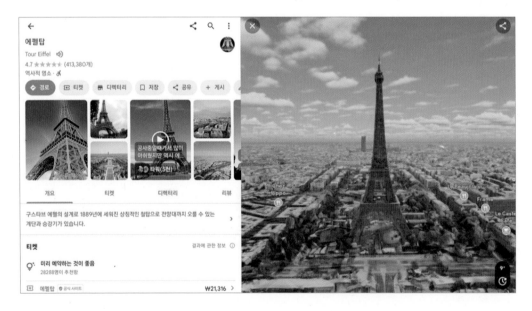

04. 아래에 있는 숫자를 선택하여 미래의 모습도 함께 살펴봅니다.

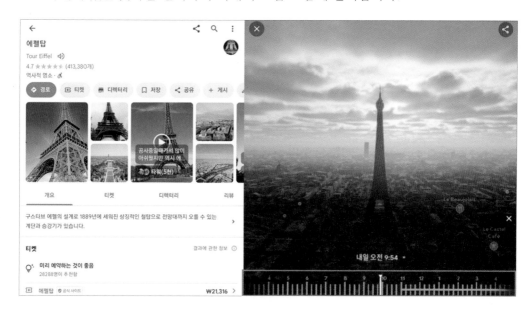

05. 왼쪽에 있는 화면에서 다양한 사진들도 함께 탐색해 봅니다.

06. 왼쪽에 있는 탭 중에서 [정보]를 선택하여 에펠탑에 대해 살펴보고 새롭게 알게 된 점이나 중요한 내용을 활동지에 작성합니다.

07. 에펠탑에 대한 탐색이 끝나면 같은 방법으로 전 세계 여러 곳에 있는 유명 명소를 직접 탐색해 봅니다. 장소에 따라 이머시브 뷰가 없는 곳도 있으니 참고해서 체험합니다.

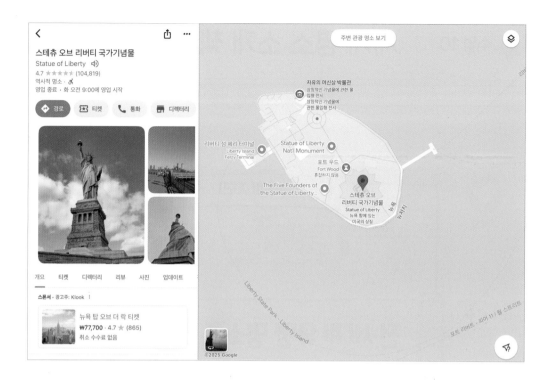

수업 종료 10분 전! **자신이 가 보고 싶은 장소를 친구들과 공유하기**

▶ 자신이 가 보고 싶은 전 세계 명소 두 군데를 친구들에게 발표하기

▶ 친구들의 발표를 들어 보며 자신과 비슷하게 선택했거나 새롭게 알게 된 장소 발표하기

A학생

자신이 소개할 명소 책자 표지 만들기

B학생

자신이 소개할 명소 내용 작성하기

─ 미리캔버스

▶ **활동 시간:** 40~45분

▶ **준비물:** 태블릿 PC, 활동지(프린트물)

▶ **AI 프로그램:** 미리캔버스

▶ **수업에서 체험하는 AI 기술:** 이미지 인식 센서

▶ **관련 교과:** 유아 사회, 통합 교과, 초등 사회, 중등 사회, 창의적 체험활동

▶ **기대 효과**

　① PPT를 잘 만들지 못해도 템플릿을 활용하여 소개 자료를 쉽게 만듭니다.

　② AI로 관련 사진을 쉽고 빠르게 찾습니다.

　③ AI를 활용하여 전 세계 명소를 소개하는 정보를 쉽고 간단하게 얻을 수 있습니다.

학습 목표

▶ 미리캔버스로 전 세계 명소 소개집 만드는 방법을 설명할 수 있습니다.

▶ 미리캔버스로 전 세계 명소 소개집 만듭니다.

▶ 전 세계 명소 소개집을 친구들과 공유하는 활동에 적극 참여합니다.

5주 차 ▶ 교실에서 떠나는 세계 여행! AI 지도 만들기　**123**

막막한 AI 수업, 이렇게 진행하세요!

1 흥미 유발

"관광 명소의 소개 책자를 본 적 있나요?"
▶ 어떤 장소를 소개한 책자인지 살펴보기
▶ 어떻게 구성했는지 살펴보기

🎯 **학습 목표 제시** | 미리캔버스 AI로 전 세계 명소 소개 책자를 만들어 봅시다.

2 수업 진행

수업 준비 **미리캔버스 앱 설치하기**
▶ 플레이 스토어에서 미리캔버스 앱을 내려받아 설치하기
▶ 미리캔버스 앱의 다양한 기능을 사용해 보며 연습하기

🤖 **하면 된다!** **활동지에 어떤 장소를 소개할지 적어 보기**
▶ 자신이 소개할 명소 정하기
▶ 앞 시간에 작성한 활동지를 참고하여 명소를 소개하는 설명 적어 보기

🤖 **하면 된다!** **미리캔버스 AI로 전 세계 명소를 소개하는 책자 만들기**
▶ 미리캔버스 앱에서 책자에 사용할 템플릿 선택하기
▶ AI로 사진을 탐색하여 삽입하기
▶ 미리 조사한 내용을 [텍스트 추가]로 입력하고 파일 저장하기

⏱ **수업 종료 10분 전!** **자신이 만든 소개 책자를 친구들에게 소개하기**
▶ 자신이 만든 전 세계 명소 소개 책자를 친구들과 공유하기
▶ 잘 만든 책자를 선정하여 칭찬하고 잘한 점, 독특한 점 발표하기

3 정리

▶ 활동하면서 알게 된 점, 재미있었던 점 등 발표하기
▶ 미리캔버스 앱을 활용하면서 느낀 점 발표하기

"AI로 여행했던 명소를 친구들에게 소개해요!"

전 세계 명소 탐색하기에 이어 자신이 가 보고 싶었던 장소 두 군데를 발표 자료로 만들어 친구들과 공유해 봅시다. 먼저 자신이 소개하고 싶은 명소 두 곳의 정보를 앞 시간에 작성한 활동지에서 확인합니다. 그리고 **미리캔버스 앱**을 활용하여 사진과 글 등을 넣고 소개 자료를 만듭니다. 마지막으로 자신이 작성한 소개 자료를 친구들과 공유하고 하나로 모아서 전 세계 명소 소개집을 만듭니다.

미리캔버스 앱

 하면 된다! **활동지에 어떤 장소를 소개할지 적어 보기**

자신이 소개할 명소 2곳을 정하고 앞 시간에 작성한 활동지를 참고하여 설명하는 내용을 적어 보세요.

활동지 | 전 세계 명소 소개 책자에 들어갈 내용을 적어 봅시다. 　　　　수업10_활동지.hwp

명소 이름		
내용	위치	
	역사	
	그 밖에 소개하고 싶은 내용	
명소 이름		
내용	위치	
	역사	
	그 밖에 소개하고 싶은 내용	

명소 소개 책자 만들기 1 – 템플릿 활용하기

01. 플레이 스토어에서 '미리캔버스'를 검색해 설치합니다. 앱을 실행해 로그인 창이 뜨면 태블릿 PC에 저장된 구글 계정으로 들어가도록 안내합니다.

02. 메인 화면에 여러 템플릿이 보입니다. 검색창에 '세계지리'를 검색하여 템플릿을 선택하거나 소개 책자에 어울릴 것 같은 템플릿을 선택합니다.

03. 템플릿을 선택해 세부 사항을 살펴보고 〈이 템플릿 사용하기〉 버튼을 누릅니다.

04. 템플릿에 있는 글자를 선택하여 소개 책자에 어울리는 표지로 문구를 수정합니다. 글자 크기, 글씨체 등도 수정합니다.

05. 오탈자, 띄어쓰기 등 맞춤법에 맞는지 확인합니다. 표지를 완성하면 다음 템플릿을 선택합니다.

06. 두 번째 페이지에서도 문구를 명소의 이름으로 수정합니다.

07. 다음 페이지에서는 기존에 있는 요소들을 삭제하고 제목을 수정합니다.

| 하면 된다! | 명소 소개 책자 만들기 2 – 페이지 복제, AI 라이팅 |

01. 기본 화면이 완성되면 페이지의 오른쪽 위에 있는 ⋯을 눌러 [페이지 복제]를 선택합니다.

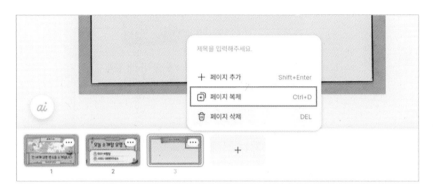

02. [사진] 탭을 선택하여 관련된 사진을 검색합니다. 노란 왕관 👑이 있는 이미지는 유료 이미지입니다. 노란 왕관이 없는 이미지 중에서 적합한 이미지를 고릅니다.

03. 추가된 이미지를 선택한 다음 [그라데이션 마스크]를 선택하여 10~20%로 사진을 편집하고 크기를 조절한 후 원하는 위치에 배치합니다.

04. 화면 왼쪽 아래에 있는   를 선택하여 [AI 라이팅]을 누릅니다.

05. 'AI 라이팅' 창이 나타나는데 '에펠탑을 소개하는 글을 60자 이내로 써줘'와 같이 구체적인 프롬프트를 입력합니다.

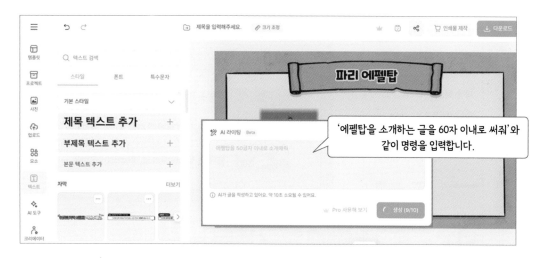

'에펠탑을 소개하는 글을 60자 이내로 써줘'와 같이 명령을 입력합니다.

06. 그럼 AI가 알아서 소개 글을 써줍니다!

AI가 알아서 내용을 써줍니다!

07. 글자 크기와 내용, 서체 등을 수정하고 알맞은 위치에 배치합니다.

하면 된다!　**명소 소개 책자 만들기 3** – AI 이미지 만들어 넣기

01. 사진뿐만 아니라 AI가 만든 이미지도 넣을 수 있습니다. 왼쪽에서 [AI 도구] 탭을 선택하세요.

02. [스타일]을 선택하면 원하는 스타일로 이미지를 만들 수 있습니다. [이미지 묘사] 부분에 원하는 키워드인 명소 이름 '프랑스 에펠탑'을 입력하고 〈생성〉을 누릅니다.

03. 만들어진 AI 일러스트를 클릭하면 페이지 안에 들어옵니다. 적절한 위치에 배치하고, 나머지 페이지도 같은 방식으로 만듭니다.

04. 소개 책자가 완성되면 오른쪽 위에 있는 〈다운로드〉 버튼을 선택하여 PNG 파일 형태로 저장합니다. 최종 완성 파일은 센드 애니웨어로 선생님께 전송합니다.

▶ 센드 애니웨어 앱 사용법: 20쪽 [교실 환경 준비 2] 참고

⏱ **수업 종료 10분 전!** | **자신이 만든 소개 책자를 친구들에게 소개하기**

▶ 자신이 만든 전 세계 명소 소개 책자를 친구들과 공유해 보세요.
▶ 잘 만든 책자를 선정하여 칭찬하고 잘한 점, 독특한 점 등을 말해 봅니다.

창의력이 쑥쑥!
AI 제품 디자인

6주 차에는 제품 디자인을 공부하고 AI를 활용하여 직접 만들어 봅니다.
[수업 11]에서는 구글의 아트 & 컬처Art&Culture의 3D 포터리Pottery AI 프로그램으로 찰흙 없이 도자기를 만들어 보고, [수업 12]에서는 오토드로우 AI로 우리 반 티셔츠 로고를 만들어 봅니다.

수업 11 │ # 찰흙 없이 도자기 만들기

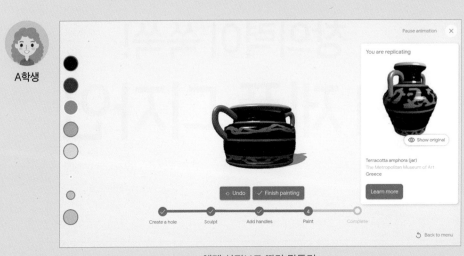

A학생

예제 살펴보고 따라 만들기

B학생

자유롭게 도자기 디자인하기

− 3D 포터리 AI

미술

▶ **활동 시간:** 40~45분

▶ **준비물:** 태블릿 PC, 활동지(프린트물)

▶ **AI 프로그램:** 구글 아트 & 컬처 - 3D 포터리

▶ **수업에서 체험하는 AI 기술:** 동작 인식 센서

▶ **관련 교과:** 유아 미술, 초등 미술, 중등 미술, 창의적 체험활동

▶ **기대 효과**

① 찰흙 없이 도자기를 만들어 보고, 도자기를 만드는 전 과정을 체험합니다.

② AI로 도자기를 디자인하고 자신만의 도자기를 만들어 봅니다.

학습 목표

▶ 3D 포터리 AI를 활용해서 도자기를 만드는 방법을 설명할 수 있습니다.

▶ 3D 포터리 AI로 나만의 도자기를 만듭니다.

▶ 3D 포터리 AI로 도자기를 만드는 활동에 적극 참여합니다.

막막한 AI 수업, 이렇게 진행하세요!

1 흥미 유발

"사극이나 미디어에서 옛날 도자기를 본 적 있나요?"

▶ 고려청자나 조선백자를 본 적이 있는지 말해 보기

▶ 도자기로 만든 그릇이나 물건을 사용한 경험 떠올리기

🎯 **학습 목표 제시** | 3D 포터리 AI로 도자기를 만들어 봅시다.

2 수업 진행

수업 준비 **구글 아트 & 컬처 - 3D 포터리 AI 웹사이트 접속하기**

▶ 구글의 아트 & 컬처 웹사이트에 접속해서 3D 포터리 실행하기

▶ 3D 포터리의 다양한 기능을 사용해 보며 연습하기

🤖 **하면 된다!** **활동지에 도자기 스케치하기**

▶ 다양한 형태의 도자기 탐색하기

▶ 자신만의 도자기를 어떻게 만들지 그려 보기

🤖 **하면 된다!** **3D 포터리 AI로 도자기 만들기**

▶ 도자기 반죽을 누르며 홈 파고 외형 다듬기

▶ 도자기에 손잡이 달아 보기

▶ 도자기에 안료를 발라 색을 칠하고 구워서 완성하기

⏱️ **수업 종료 10분 전!** **나만의 도자기 만들기**

▶ 연습으로 도자기 하나를 만든 후 활동지에 스케치한 대로 나만의 도자기 만들기

▶ 3D 포터리로 만든 도자기를 친구들과 공유하기

▶ 잘한 점, 독특한 점 등을 찾아 칭찬하기

3 정리

▶ 활동하면서 알게 된 점, 재미있었던 점 등 발표하기

▶ 3D 포터리 AI를 활용하면서 느낀 점 발표하기

"찰흙 없이 AI로 도자기를 빚어 봐요!"

찰흙 없이 구글의 아트 & 컬처의 3D 포터리 AI로 도자기를 빚어 보겠습니다. 도자기를 만들기 전에 청자, 백자 등이 어떠한 형태로 만들어졌는지 탐색해 보며 도공이 도자기를 어떻게 빚었을지 상상해 봅니다.

3D 포터리 AI

하면 된다! | ## 활동지에 도자기 스케치하기

청자, 백자 등 다양한 도자기 디자인을 탐색하고 자신이 만들 도자기를 스케치해 보세요.

📝 **활동지** | 다음 예시 도자기를 참고하여 내가 만들 도자기를 그려 봅시다. 📄 수업11_활동지.hwp

3D 포터리 AI로 도자기 만들기 1 – 도자기 빚기

01. 크롬을 실행하고 '아트 앤 컬처 포터리'를 검색해 웹사이트에 들어갑니다.

02. 메인 화면에서 〈Start in 3D〉 버튼을 선택하고 화면으로 들어갑니다.

03. 3D 포터리 AI는 게임 형식의 AI 프로그램입니다. 순서대로 도자기 미션이 열리는데 처음에는 왼쪽에 있는 도자기를 선택해 플레이합니다.

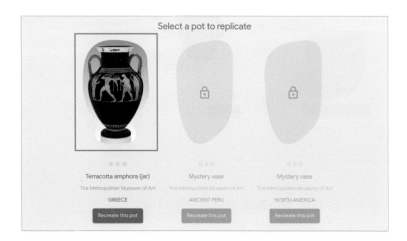

04. 물레에 찰흙 덩어리가 돌아가는 화면이 나옵니다. 펜이나 손으로 반죽의 가운데를 지그시 누르면 가운데가 들어가며 모양이 바뀝니다.

05. 오른쪽에 나오는 화면을 참고해 가운데 홈과 옆의 형태를 만듭니다.

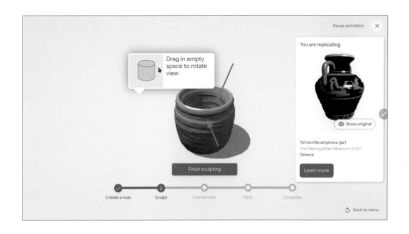

06. 도자기의 위쪽에 펜이나 손을 대어 항아리의 상단을 만듭니다.

07. 형태를 다 만들었다면 손잡이를 붙일 차례입니다. 화살표 지시를 따라 드래그하면 손잡이가 만들어집니다.

08. 한쪽의 손잡이를 만든 다음에는 가운데에 있는 〈Duplicate handle〉을 누르면 반대쪽에 똑같은 손잡이가 생깁니다.

하면 된다! **3D 포터리 AI로 도자기 만들기 2 – 도자기 굽기**

01. 손잡이까지 만들어지면 색을 칠할 차례입니다.

〈Next〉 버튼을 누르고 왼쪽에서 색상과 붓의 크기를 선택합니다. 도자기를 드래그하면 색상이 칠해집니다. 오른쪽 도자기가 전체적으로 검은색이니 맨 아래쪽에 있는 큰 붓을 선택하고 드래그해 칠합니다.

02. 색을 칠할 때는 왔다 갔다 하면서 색칠하는 것이 아니라 칠하고자 하는 부분에 가만히 대고 있으면 도자기 물레가 돌아가며 자동으로 색칠됩니다.

작은 붓으로 무늬도 넣어 보세요.

03. ⟨Finish painting⟩ 버튼을 누르면 자동으로 도자기 굽는 화면으로 넘어갑니다.

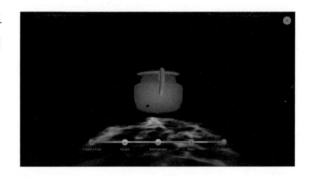

04. 게임 형식이기 때문에 점수가 나오는데, 도자기 굽는 과정을 경험해 보는 것이 핵심이므로 점수는 크게 신경 쓰지 않도록 지도합니다.

05. 〈Sculpt another vase〉 버튼을 누르면 다음 도자기를 만들 수 있습니다. 다음 도자기를 선택하여 들어갑니다.

06. 다음 도자기는 오른쪽에 나와 있는 예시 작품을 따라 하지 않고, 활동지에 그려 놓은 자신만의 도자기로 만듭니다.

수업 종료 10분 전!	나만의 도자기 만들기

▶ 연습으로 도자기 하나를 만든 후 활동지에 스케치한 대로 나만의 도자기 만들기
▶ 3D 포터리로 만든 도자기를 친구들과 공유하기
▶ 잘한 점, 독특한 점 등을 찾아 칭찬하기

수업 12 | # 우리 반 티셔츠 로고 디자인하기

 A학생

반 티셔츠 로고 디자인

 B학생

반 티셔츠 로고 디자인

미술

▶ **활동 시간:** 40~45분

▶ **준비물:** 태블릿 PC, 활동지(프린트물)

▶ **AI 프로그램:** 오토드로우

▶ **수업에서 체험하는 AI 기술:** 이미지 인식 센서

▶ **관련 교과:** 유아 미술, 통합 교과, 초등 미술, 중등 미술, 창의적 체험활동

▶ **기대 효과**

① 그림을 잘 그리지 못해도 AI로 디자인할 수 있다는 즐거운 체험 기회를 제공합니다.

② 자신이 만든 로고를 반 티셔츠에 사용하는 기회를 제공합니다.

학습 목표

▶ 오토드로우 AI로 로고 만드는 방법을 설명할 수 있습니다.

▶ 오토드로우 AI로 우리 반 티셔츠 로고를 만듭니다.

▶ 오토드로우 AI로 로고를 만드는 활동에 적극 참여합니다.

막막한 AI 수업, 이렇게 진행하세요!

1 흥미 유발

"여러분이 좋아하는 티셔츠의 로고를 말해 보세요!"

▶ 평소 자신이 입었던 티셔츠나 다른 사람의 티셔츠 로고 살펴보기

▶ 우리 반을 나타내는 로고 구상하기

🎯 **학습 목표 제시** | 오토드로우 AI로 우리 반 티셔츠 로고를 만들어 봅시다.

2 수업 진행

수업 준비 **오토드로우 AI 웹사이트 접속하기**

▶ 오토드로우 웹사이트에 접속하기

▶ 오토드로우의 다양한 기능을 사용해 보며 연습하기

🤖 **하면 된다!** **활동지에 티셔츠 로고 그려 보기**

▶ 우리 반을 상징할 수 있는 것 떠올려 보기

▶ 로고 미리 그려 보기

🤖 **하면 된다!** **오토드로우 AI로 우리 반 티셔츠 로고 만들기**

▶ 활동지에 그린 로고를 오토드로우로 하나씩 그려 보기

▶ 티셔츠 모양을 그리고 로고 위치 조정하기

▶ 텍스트를 추가로 입력하고 저장하기

⏱️ **수업 종료 10분 전!** **우리 반 티셔츠 로고 결정하기**

▶ 자신이 만든 티셔츠 로고를 친구들과 공유하기

▶ 우리 반 티셔츠에 사용할 로고를 투표해서 결정하기

▶ 로고를 선택할 때에는 후보군을 두세 개 골라 최종 투표해서 결정하기

3 정리

▶ 활동하면서 알게 된 점, 재미있었던 점 등 발표하기

▶ 오토드로우 AI를 활용하면서 느낀 점 발표하기

"우리 반 티셔츠 로고, 직접 만들어 봐요!"

1주 차 수업에서 활용한 <u>오토드로우</u> AI로 우리 반을 상징하는 로고를
만들어 보겠습니다. 그림을 못 그려도 아이디어만 있으면 AI를 활용
하여 디자인하는 즐거움을 느낄 수 있습니다. 자신이 만든 로고를 친
구들과 공유하고 투표로 우리 반 티셔츠 로고로 선정합니다.

구글 오토드로우

 | **하면 된다!** | **활동지에 티셔츠 로고 그려 보기**

우리 반을 상징하는 요소를 떠올려 보고 로고를 스케치해 보세요.

✨ **활동지** | 다음 예시를 참고하여 우리 반 티셔츠 로고를 그려 봅시다.　　📄 수업12_활동지.hwp

예시 1	예시 2

하면 된다!   오토드로우 AI로 우리 반 티셔츠 로고 만들기

01. 크롬 앱을 실행하고 '오토드로우'를 검색하여 들어갑니다. 모든 쿠키를 허용하기 위해 화면 아래쪽에 나타난 창에서 〈OK, got it〉 버튼을 누릅니다.
〈Start Drawing〉 버튼을 눌러 캔버스 화면으로 들어갑니다.

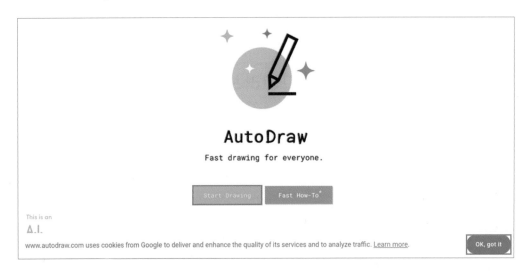

02. 오른쪽 아래에서 색상을 바꾸고 그림을 그립니다. 정확하게 그리지 못하더라도 비슷한 형태로 그림을 그려 보고, 위에 나타난 그림 중에 원하는 그림을 선택합니다.

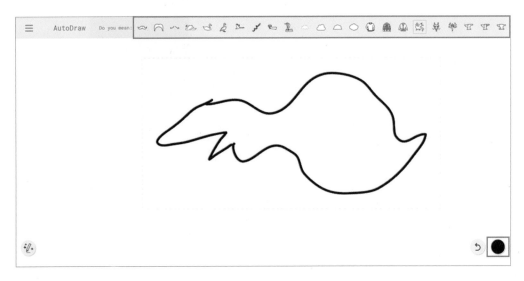

03. 같은 방법으로 그림을 그린 후에 〈Fill ⟨⟩〉 버튼을 선택하여 색을 칠합니다.

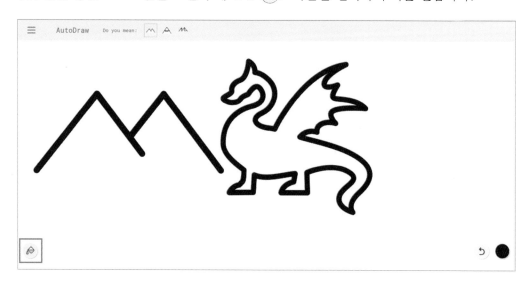

04. 원하는 색상을 선택하고 그림을 선택해 칠하되 너무 많은 색은 사용하지 않도록 합니다.

05. 〈Select ⊕〉 버튼을 선택하고 로고를 드래그해 크기와 위치를 조정합니다.

06. 〈Type 𝕋〉 버튼을 선택하고 빈 곳을 클릭해 텍스트를 입력합니다. 글자를 입력한 다음에 왼쪽 위에 있는 글꼴을 선택하여 바꿉니다.

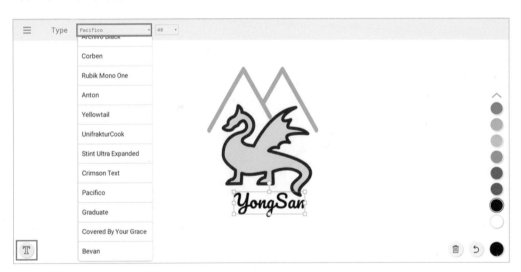

07. 〈Select ⊕〉 버튼을 선택하고 로고를 드래그해 최종적으로 위치와 크기를 조정합니다.

08. 왼쪽 위에 있는 〈Download〉를 선택하여 저장합니다.

09. 저장한 파일을 센드 애니웨어나 공유할 매체를 통해 선생님에게 보냅니다. 학생들이 만든 로고를 다 모아서 투표합니다.

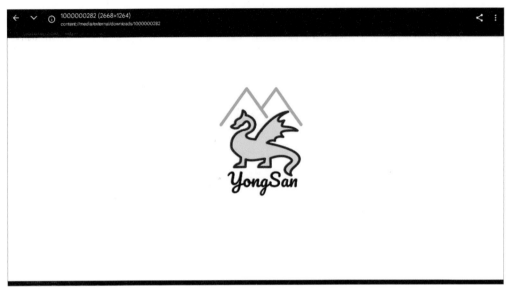

▶ 센드 애니웨어 앱 사용법: 20쪽 [교실 환경 준비 2] 참고

수업 종료 10분 전!	우리 반 티셔츠 로고 결정하기

▶ 자신이 만든 티셔츠 로고를 친구들과 공유하기
▶ 우리 반 티셔츠에 사용할 로고를 투표해서 결정하기
▶ 로고를 선택할 때에는 후보군을 두세 개 골라 최종 투표해서 결정하기

지구를 보호하는
AI 환경 생태 수비대

7주 차에는 AI 포 오션^{AI FOR OCEAN} 프로그램으로 바다의 오염 상태를 알아보고, 환경 생태와 기후 위기를 알리는 환경 보호 포스터를 만드는 수업을 진행합니다.

[수업 13]에서는 AI로 바다의 생태와 오염 상태를 알아보고, [수업 14]에서는 AI로 환경 보호와 관련된 포스터를 만들어 봅니다.

수업 13 | # 바다의 소중함 알아보기

A학생

AI 직접 학습시키기

B학생

바다의 오염 물질 분리하기

과학

▶ **활동 시간:** 80~90분

▶ **준비물:** 태블릿 PC, 이어폰

▶ **AI 프로그램:** AI 포 오션

▶ **수업에서 체험하는 AI 기술:** 이미지 인식 센서

▶ **관련 교과:** 유아 과학, 통합 교과, 초등 과학, 중등 과학, 창의적 체험활동

▶ **기대 효과**

① 바다의 오염에 관심을 가지고 어떻게 해결할 수 있는지 생각해 볼 수 있게 합니다.

② 머신러닝 AI의 원리를 이해하고, AI를 어떻게 만드는지 공부하는 기회를 제공합니다.

③ 게임 형식으로 바다의 생태를 이해하고, 어떤 방법으로 실천할지 고민하는 시간을 갖습니다.

학습 목표

▶ AI 포 오션 프로그램으로 바다를 지키는 AI를 만드는 방법을 설명합니다.

▶ AI 포 오션 프로그램으로 바다를 지키는 AI를 만듭니다.

▶ 바다의 생태를 지키는 방법을 찾아보는 활동에 적극 참여합니다.

막막한 AI 수업, 이렇게 진행하세요!

1 흥미 유발

"바닷가에서 쓰레기를 본 적 있나요?"

▶ 바닷가에서 오염된 것을 본 경험 떠올리기

▶ 영상이나 사진에서 바다가 오염된 것을 본 경험 떠올리기

🎯 **학습 목표 제시** | AI 포 오션으로 바다를 보호하는 방법을 알아봅시다.

2 수업 진행

수업 준비 AI 포 오션 웹사이트 접속하기

▶ AI 포 오션 웹사이트에 접속하기

▶ AI 포 오션의 다양한 기능을 다뤄 보며 연습하기

🤖 **하면 된다!** 바다 오염 알아보기

▶ 바다가 오염된 원인 알아보기

▶ 바다 오염 상태 알아보기

🤖 **하면 된다!** AI 포 오션으로 바다를 지키는 AI 만들기

▶ 머신러닝 AI 알아보기

▶ AI를 직접 학습시켜 바다를 지키는 AI 만들기

▶ AI 포 오션을 체험하며 윤리 문제 생각해 보기

⏱️ **수업 종료 10분 전!** 바다를 지키는 방법 생각하기

▶ 학생으로서 실천할 수 있는 방법 생각해 보기

▶ 바다를 지키는 방법을 고민하고 실천 의지 다지기

3 정리

▶ 활동하면서 알게 된 점, 재미있었던 점 등 발표하기

▶ AI 포 오션을 활용하면서 느낀 점 발표하기

"AI를 학습시켜 깨끗한 바다를 만들어요!"

AI를 활용하여 머신러닝 AI의 원리를 이해하고, 바다의 생태를 알아
보는 수업입니다. AI 포 오션 프로그램을 이용하여 학습자가 직접 AI
를 학습시켜 보면서 머신러닝 AI의 원리를 습득합니다.

먼저 현재 바다의 오염 상태를 확인하고 바다가 오염된 것에 대해 들
은 것이 있는지 이야기해 봅니다. AI 프로그램을 활용하여 바다의 오
염을 제거하는 방법도 생각해 봅니다. 마지막으로 바다의 오염을 해결하기 위해 나는
어떤 일을 할 수 있는지 알아보고 실천 의지를 다집니다.

AI 포 오션

 하면 된다! **AI 포 오션으로 바다를 지키는 AI 만들기 1 – 물고기 학습시키기**

01. 크롬을 실행하고 '에이아이 포 오션'을 검색합니다. 학생들은 영어보다는 한글로
검색할 수 있도록 하거나 QR코드를 미리 만들어 바로 접속하도록 안내합니다.

02. 왼쪽 아래에 있는 언어 선택 창에서 [한국어]를 찾아 설정합니다. 가운데 있는 플레
이 버튼을 눌러 다 함께 영상을 감상합니다.

앞으로 총 3개의 영상이 나오는데
내용도 다르고 짧으니 꼭 감상하세요!

03. 영상을 다 시청한 다음 아래에 있는 [계속하기]를 눌러 프로그램을 시작합니다.

04. 처음에 들어가면 물고기와 물고기가 아닌 것을 구별하여 선택하며 AI를 학습시킵니다. 물고기라면 [물고기] 버튼을 누르고 쓰레기라면 [물고기 아님]을 선택합니다.

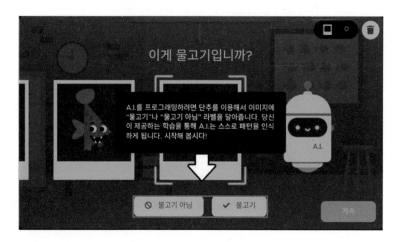

05. 오른쪽 위에 학습한 숫자가 100이 될 때까지 반복합니다.

06. 활동 중간에 바다 오염에 관한 정보가 팝업으로 나오는데 자세히 읽어보도록 안내합니다.

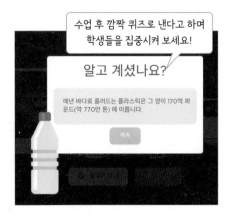

07. 숫자가 30이 되면 잘하고 있다는 메시지가 나오는데, AI가 충분히 학습하도록 더 진행합니다. 학습이 마무리되면 아래에 있는 〈제출〉 버튼을 누릅니다.

08. AI 학습이 끝나면 학습이 잘 되어 있는지 확인하는 화면이 나옵니다. 잘 학습되었는지 확인하며 지켜봅니다.

09. 분류된 결과가 나타나면 오른쪽 위에 있는 버튼을 눌러 [물고기]와 [물고기 아님]으로 분류된 내용을 확인합니다.

하면 된다! AI 포 오션으로 바다를 지키는 AI 만들기 2 - 바다 생물 학습시키기

01. 〈다음〉 버튼을 누르면 다음 화면으로 넘어갑니다. 바닷속에 있는 생물을 같은 방식으로 학습시킵니다.

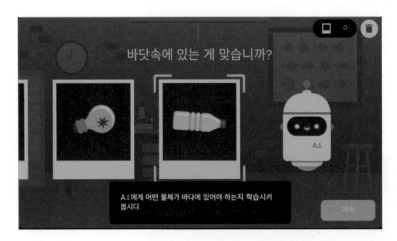

02. 활동 중간에 바다 오염에 대한 정보가 나오는데, 유심히 잘 읽어보도록 안내합니다.

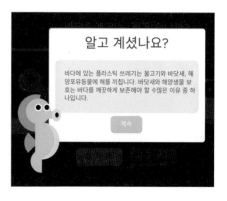

03. 오른쪽 위에 숫자가 100 정도로 학습하면 〈계속〉 버튼을 눌러 학습 결과를 확인합니다.

04. AI가 잘 분류해 학습했는지 살펴봅니다.
학습이 부족한 학생은 왼쪽 아래에 있는 〈학습 더 하기〉를 눌러 더 진행합니다.

05. 〈계속〉 버튼을 눌러 다음 영상을 시청하며 기계학습 개념을 배웁니다.

> AI 학습에서 데이터가 얼마나 중요한지 느껴 봅니다!

하면 된다!

AI 포 오션으로 바다를 지키는 AI 만들기 3
– 특정 키워드로 학습시키기

01. 이번에는 물고기의 모양이나 색상에 따라 AI를 학습시켜 보겠습니다.
[빨간색], [원형] 등 자신이 원하는 키워드를 선택해 보세요.

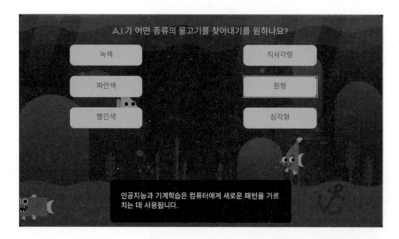

02. 모양과 색상 중에서 색상을 나타내는 단어가 더 구분하기 쉬우니 AI 학습을 어려워하는 학생들에게는 색상을 나타내는 단어를 선택하도록 합니다.

03. 자신이 학습시킨 AI가 잘 기능하는지 결과를 살펴보고, 각각의 물고기를 눌러서 물고기의 정보를 살펴봅니다.

04. 영상을 시청하며 AI의 윤리에 대해 함께 생각해 보는 시간을 가집니다.

05. 이번에는 느낌이나 감정을 나타내는 단어 중에 하나를 선택하여 AI를 학습시킵니다. 다른 단어도 있지만 학습 목표에 맞게 [멸종 위기] 단어를 선택하여 분류해 봅니다.

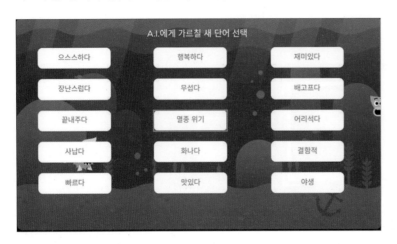

06. 지금까지 배운 방법으로 AI를 학습시키고 결과를 확인합니다.
학습이 끝나면 〈마침〉 버튼을 눌러서 학습을 마무리합니다.

07. 모든 학습을 마치면 수료 증명서가 나옵니다. 자신의 이름을 적어 만들고, 공유하거나 캡쳐하도록 합니다. 수료 증명서가 발급되면 앞에서 나왔던 바다 오염에 대한 정보를 바탕으로 깜짝 퀴즈를 내고 맞춰 봅니다.

수료 증명서를 받았습니다!

‹ 활동으로 돌아가기

개인별 인증서 만들기

Enter Your Name

창인걸   제출하기

다른 사람들에게 공유하기

Share your achievement with others and encourage them to participate.

f 🐦 🖨 인쇄

▶ 센드 애니웨어 앱 사용법: 20쪽 [교실 환경 준비 2] 참고

┌──┐
│ 수업 종료 │ **바다를 지키는 방법 생각하기**
│ 10분 전! │
├──┤
│ ▶ 학생으로서 실천할 수 있는 방법 생각해 보기
│ ▶ 바다를 지키는 방법을 고민하고 실천 의지 다지기
└──┘

| # 환경 보호 포스터 만들기

A학생

지구 온난화를 알리는 환경 보호 포스터 만들기

– 오토드로우

도덕
+ 과학

▶ **활동 시간:** 40~45분

▶ **준비물:** 태블릿 PC, 활동지(프린트물)

▶ **AI 프로그램:** 오토드로우

▶ **수업에서 체험하는 AI 기술:** 이미지 인식 센서

▶ **관련 교과:** 유아 과학, 통합 교과, 초등 과학, 중등 과학, 창의적 체험활동

▶ **기대 효과**

① 환경 오염에 관심을 가지고 어떻게 해결할 수 있는지 고민하는 기회를 갖습니다.

② AI로 환경 보호 포스터를 만들어 보고, 환경 오염 문제를 해결하기 위해 실천 의지
를 다집니다.

학습 목표

▶ 오토드로우 AI로 환경 보호 포스터를 만드는 방법을 설명할 수 있습니다.

▶ 오토드로우 AI로 환경 보호 포스터를 만듭니다.

▶ 환경 보호 캠페인 활동에 적극 참여합니다.

막막한 AI 수업, 이렇게 진행하세요!

1 흥미 유발

"여러분은 어떤 환경 문제에 관심이 많나요?"

▶ 앞 시간에 배웠던 바다 오염 떠올리기
▶ 토양 오염, 공기 오염 등 다양한 환경 문제 살펴보기

🎯 **학습 목표 제시** | 오토드로우 AI로 환경 보호 포스터를 만들어 봅시다.

2 수업 진행

수업 준비 **오토드로우 AI 웹사이트 접속하기**

▶ 오토드로우 웹사이트에 접속하기
▶ 오토드로우의 다양한 기능을 사용해 보며 연습하기

🤖 하면 된다! **활동지에 환경 보호 포스터 그려 보기**

▶ 자신이 포스터로 그릴 주제 생각해 보기
▶ 어떤 문구와 그림을 그릴지 생각해 보기

🤖 하면 된다! **오토드로우 AI로 환경 보호 포스터 만들기**

▶ 활동지에 그린 대로 오토드로우 AI로 포스터 속 요소 그리기
▶ 그림에 색을 입히고 위치와 크기 조정하기
▶ 텍스트를 입력하고 저장한 후 친구들과 공유하기

⏱ 수업 종료 10분 전! **환경 보호 캠페인 활동 계획하기**

▶ 환경 보호 포스터를 어떤 장소에 게시할지 생각해 보기
▶ 환경 보호 캠페인 활동을 어떻게 할지 생각해 보기
▶ 날짜와 장소 등을 정하여 환경 보호 캠페인 활동 실천하기

3 정리

▶ 활동하면서 알게 된 점, 재미있었던 점 등 발표하기
▶ 오토드로우 AI를 활용하면서 느낀 점 발표하기

"우리 모두 환경 보호 운동가가 되어 봅시다!"

AI를 활용하여 환경 보호 포스터를 만들어 보고, 실제로 전시하며 캠페인 활동을 해 보는 수업입니다.

오토드로우 AI로 환경 보호 포스터를 만들어 보겠습니다. 앞 시간에 배운 바다 오염 내용을 표현해도 되고, 토양·공기·산림 등 다양한 환경 오염을 나타낸 포스터를 만들어도 됩니다. 완성된 환경 보호 포스터를 복도에 전시하고 캠페인 활동도 계획하여 실천해 봅니다.

구글 오토드로우

 하면 된다! **활동지에 환경 보호 포스터 그려 보기**

포스터로 그릴 주제를 생각해 보고, 어떤 문구를 넣고 그림을 그릴지 스케치해 보세요.

✏️ **활동지** | 환경 보호 포스터를 디자인하고, 환경 보호 캠페인을 계획해 봅시다. 📄 수업14_활동지.hwp

환경 오염의 종류	
환경 보호 포스터 문구	
환경 보호 포스터 구성	
환경 보호 캠페인 장소	
환경 보호 캠페인 일시	
준비물	
환경 보호 캠페인 방법	

오토드로우 AI로 환경 보호 포스터 만들기

01. 크롬 앱을 실행하고 '오토드로우'를 검색하여 웹사이트에 들어갑니다. 모든 쿠키를 허용하기 위해 화면 아래에 나타난 〈OK, got it〉 버튼을 눌러 줍니다.
〈Start Drawing〉 버튼을 눌러 포스터 만들기를 시작합니다.

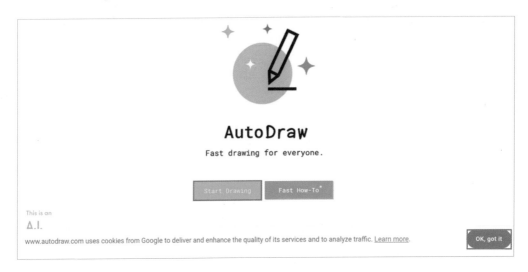

02. 화면 오른쪽 아래에서 색상을 바꾸고 원하는 그림을 그려 봅니다. 정확하게 그리지 못하더라도 비슷한 형태로 그림을 그려 보고, 위에 나타난 AI 그림 중에 원하는 그림을 선택합니다.

03. 정확하게 원하는 이미지는 아니더라도 비슷한 이미지나 대체 가능한 이미지로 찾아서 그림을 완성합니다.

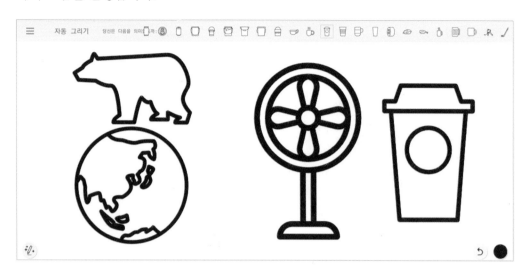

04. ⟨선택 ✛⟩ 버튼을 누르고 각각의 그림을 선택해 크기와 위치를 조절합니다. 포스터이기 때문에 문구가 들어갈 위치도 미리 생각해 배치합니다.

05. 〈채우기 〉 버튼을 누르고 색상을 선택해 칠합니다. 색상 아이콘을 원하는 그림으로 드래그하면 색상이 채워집니다.

06. 부족한 부분은 〈그리기 〉 버튼을 사용하여 그림으로 채우겠습니다. 위쪽에서 펜의 크기를 조정하고 필요한 부분에 그림을 그립니다.

07. 〈모양(텍스트)  〉 버튼을 선택하고 빈 곳을 클릭해 포스터 문구를 입력합니다. 위쪽에서 글꼴과 크기도 조정합니다.

08. 왼쪽 위에 있는 ☰ 버튼을 누르고 [다운로드]를 선택해 파일로 저장합니다.

09. 저장된 파일을 확인하고 선생님께 공유합니다.

▶ 센드 애니웨어 앱 사용법: 20쪽 [교실 환경 준비 2] 참고

수업 종료 10분 전! | **환경 보호 캠페인 활동 계획하기**

▶ 환경 보호 포스터를 어떤 장소에 게시할지 생각해 보기

▶ 환경 보호 캠페인 활동을 어떻게 할지 생각해 보기

▶ 날짜와 장소 등을 정하여 환경 보호 캠페인 활동 실천하기

끄적끄적 그려 보는
AI 스케치 놀이

8주 차에는 오토드로우 AI 프로그램으로 속담을 그려 보고 초현실주의 작품을 만들어 보는 수업을 진행합니다.
[수업 15]에서는 속담을 공부하고 AI로 그 내용을 그려서 퀴즈 알아맞히기를 하고, [수업 16]에서는 간단히 스케치한 것을 바탕으로 AI로 초현실주의 미술 작품을 만들어 봅니다.

AI 그림으로 속담 퀴즈 만들기

A학생

소 잃고 외양간 고친다.

B학생

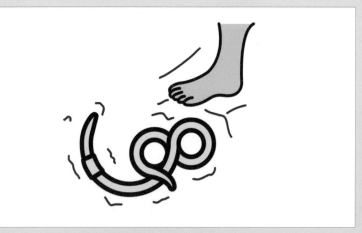

지렁이도 밟으면 꿈틀한다.

국어
+ 미술

▶ **활동 시간:** 40~45분

▶ **준비물:** 태블릿 PC, 활동지(프린트물)

▶ **AI 프로그램:** 오토드로우

▶ **수업에서 체험하는 AI 기술:** 이미지 인식 센서

▶ **관련 교과:** 유아 국어, 통합 교과, 초등 국어, 초등 미술, 중등 국어, 창의적 체험활동

▶ **기대 효과**

① 속담을 단순 암기하는 것보다 창의적이고 재미있게 공부할 수 있습니다.

② AI를 활용하여 그림을 잘 그리는 것보다 아이디어에 초점을 두고 수업에 참여할 기회를 줍니다.

③ 단순히 속담만 공부하는 수업이 아니라 관용 표현, 마음 표현하기 등 다양하게 변형하여 활용할 수 있습니다.

학습 목표

▶ 오토드로우 AI로 속담 퀴즈 만드는 방법을 설명할 수 있습니다.

▶ 오토드로우 AI로 속담 퀴즈를 만듭니다.

▶ 오토드로우 AI로 만든 속담 퀴즈를 맞히는 활동에 적극 참여합니다.

막막한 AI 수업, 이렇게 진행하세요!

1 흥미 유발

"알고 있는 속담 3가지를 말해 보세요!"
- ▶ 책이나 생활 속에서 자신이 알고 있는 속담 떠올리기
- ▶ 속담을 언제 활용하는지 살펴보기

🎯 **학습 목표 제시** | 오토드로우 AI로 속담 퀴즈를 만들고 알아맞혀 봅시다.

2 수업 진행

수업 준비 **오토드로우 AI 웹사이트 접속하기**
- ▶ 오토드로우 AI 웹사이트에 접속하기
- ▶ 오토드로우 AI의 다양한 기능을 사용해 보며 연습하기

🤖 **하면 된다!** **속담 알아보기**
- ▶ 속담의 뜻 알아보기
- ▶ 속담을 사용하는 다양한 상황 알아보기

🤖 **하면 된다!** **오토드로우 AI로 속담 퀴즈 만들기**
- ▶ 퀴즈로 만들 속담을 검색하고, 속담의 뜻과 활용하는 상황 알아보기
- ▶ 속담을 나타내는 상징 찾아보기
- ▶ 오토드로우 AI로 속담 퀴즈를 두 개씩 만들어 보기

⏱️ **수업 종료 10분 전!** **속담 퀴즈를 공유하고 알아맞히기**
- ▶ 자신이 만든 속담 퀴즈를 친구들과 공유하기
- ▶ 속담 퀴즈를 맞히고, 그 뜻과 활용하는 상황 알아보기
- ▶ 잘한 점, 창의적인 점 등을 찾아 칭찬하기

3 정리

- ▶ 활동하면서 알게 된 점, 재미있었던 점 등 발표하기
- ▶ 오토드로우 AI를 활용하면서 느낀 점 발표하기

"그림을 보고 어떤 속담인지 알아맞혀 보세요!"

AI를 활용하여 속담 퀴즈를 만들어 보고, 친구들과 함께 알아맞히는 수업입니다. 오토드로우 AI로 속담에서 연상되는 그림을 그려 퀴즈를 만들고, 친구들과 공유하면서 함께 공부해 봅니다.

먼저 속담이란 무엇인지, 왜 필요한지, 속담의 뜻과 어떻게 활용하는지 공부합니다. 그리고 다양한 속담을 검색해서 그중에 하나를 골라 오토드로우 AI로 그려서 속담 퀴즈를 만듭니다. 마지막으로 친구들과 공유하고 속담 퀴즈를 맞히는 활동을 합니다.

구글 오토드로우

하면 된다! | **속담 알아보기**

속담을 하나 골라 보고, 속담의 뜻과 사용하는 다양한 상황을 적어 보세요.

활동지 | 오토드로우 AI로 그릴 속담 퀴즈 스케치하기   수업15_활동지.hwp

표현할 속담	
키워드	
스케치	

하면 된다! ## 오토드로우 AI로 속담 퀴즈 만들기

01. 크롬 앱을 실행하고 '오토드로우'를 검색하여 웹사이트에 들어갑니다. 모든 쿠키를
허용하기 위해 화면 아래에 나타난 ⟨OK, got it⟩ 버튼을 눌러 줍니다.
⟨Start Drawing⟩ 버튼을 눌러 속담 퀴즈 만들기를 시작합니다.

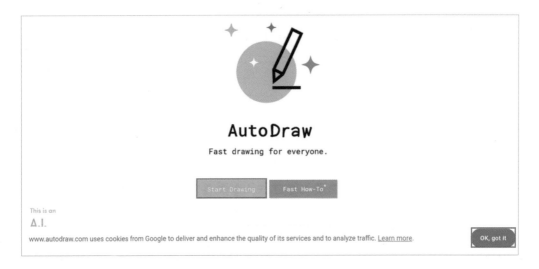

02. 오른쪽 아래에서 색을 변경하고, 자신이 표현하고자 하는 속담의 그림을 그립니다.
그림을 잘 그리지 못하더라도 특징을 잡아 그려 보도록 안내합니다.

03. 위에 나타난 AI 그림 중에 가장 적절한 그림을 선택합니다.

원하는 그림이 나타나지 않으면 ⟳ 버튼을 눌러 다시 그려 봅니다.

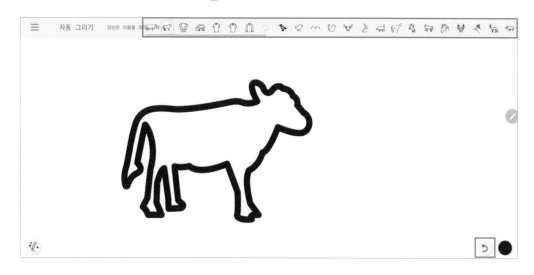

04. 이어서 다른 요소도 스케치하되 AI가 인식하기 쉽도록 최대한 특징을 잘 잡아서 그립니다.

05. 〈채우기 〉 버튼을 누르고 색상을 선택한 후 그림으로 드래그해 색을 칠합니다.

06. 그림이 속담을 잘 표현하도록 〈선택 ✛〉 버튼을 누르고 그림의 위치와 크기를 조정합니다.

> '소 잃고 외양간 고친다'를 표현하기
> 위해 배치를 바꿔 봅니다.

07. 추가로 그림이 필요하다면 〈그리기 ✎〉 버튼을 선택하여 추가로 그립니다.

08. 그림을 마무리한 다음에는 왼쪽에 있는 ☰ 버튼을 누르고 [다운로드]를 선택하여 그림을 저장합니다. 센드 애니웨어 앱을 사용해 선생님께 전송합니다.

▶ 센드 애니웨어 앱 사용법: 20쪽 [교실 환경 준비 2] 참고

09. 친구들이 그린 속담이 무엇인지 알아맞혀 보고, 그 뜻과 활용할 수 있는 상황도 함께 공부합니다.

수업 종료 10분 전!	속담 퀴즈를 공유하고 알아맞히기

▶ 자신이 만든 속담 퀴즈를 친구들과 공유하기

▶ 속담 퀴즈를 맞히고, 그 뜻과 활용하는 상황 알아보기

▶ 잘한 점, 창의적인 점 등을 찾아 칭찬하기

간단한 스케치로 초현실주의 작가 되기

A학생

르네 마그리트의 '겨울비' 오마주하기

B학생

르네 마그리트 '인간의 아들' 오마주하기

− 오토드로우

- ▶ **활동 시간:** 40~45분
- ▶ **준비물:** 태블릿 PC, 활동지(프린트물)
- ▶ **AI 프로그램:** 오토드로우
- ▶ **수업에서 체험하는 AI 기술:** 이미지 인식 센서
- ▶ **관련 교과:** 유아 미술, 통합 교과, 초등 미술, 중등 미술, 창의적 체험활동
- ▶ **기대 효과**
  ① 그림을 잘 그리지 못해도 AI로 초현실주의 그림을 표현할 수 있는 체험 기회를 갖습니다.
  ② 자신의 그림을 친구들과 함께 공유하고 작가가 되어 보는 기회를 제공합니다.

학습 목표

- ▶ 오토드로우 AI로 초현실주의 그림을 표현하는 방법을 설명할 수 있습니다.
- ▶ 오토드로우 AI로 초현실주의 그림을 그립니다.
- ▶ 자신의 작품을 친구들과 공유하는 활동에 적극 참여합니다.

막막한 AI 수업, 이렇게 진행하세요!

1 흥미 유발

"살바도르 달리의 '녹아내리는 시계' 그림을 본 적 있나요?"
- ▶ 자신이 알고 있는 초현실주의 작품 발표하기
- ▶ 다양한 초현실주의 작품 감상하기

🎯 **학습 목표 제시** │ 오토드로우 AI로 초현실주의 작품을 표현해 봅시다.

2 수업 진행

수업 준비 오토드로우 AI 웹페이지 접속하기
- ▶ 오토드로우 AI 웹사이트에 접속하기
- ▶ 오토드로우 AI의 다양한 기능을 사용해 보며 연습하기

🤖 **하면 된다!** 활동지에 자신이 정한 주제와 그릴 내용 적기
- ▶ 자신이 표현하고 싶은 주제 적어 보기
- ▶ 주제를 표현할 내용을 간단히 그리기

🤖 **하면 된다!** 오토드로우 AI로 초현실주의 작품 그리기
- ▶ 활동지에 그린 스케치 대로 오토드로우 AI를 활용하여 그리기
- ▶ 그림과 배경에 색 입히기
- ▶ 그림을 배치하여 작품 완성하기

⏱ **수업 종료 10분 전!** 초현실주의 작품 전시회 열기
- ▶ 자신이 만든 초현실주의 작품을 친구들과 공유하기
- ▶ 잘한 점, 창의적인 점 등을 찾아 친구 칭찬하기

3 정리

- ▶ 활동하면서 알게 된 점, 재미있었던 점 등 발표하기
- ▶ 오토드로우 AI를 활용하면서 느낀 점 발표하기

"내가 바로 초현실주의 화가!"

AI를 활용하여 그림을 간단히 그려 초현실주의 작품으로 완성해 보는 수업입니다.

먼저 초현실주의가 무엇인지 알아보고 초현실주의 작품을 감상합니다. 그리고 자신이 표현하고자 하는 주제를 활동지에 적고, 그림을 스케치해 봅니다. 마지막으로 <u>오토드로우</u> AI를 활용하여 초현실주의 그림을 그리고 친구들과 공유합니다.

구글 오토드로우

 하면 된다! | **활동지에 자신이 정한 주제와 그릴 내용 적기**

표현하고 싶은 주제를 정하고 그에 어울리는 그림을 그려 보세요.

 **활동지** | 예시를 참고하여 AI로 초현실주의 작품을 그려 봅시다.   📄 수업16_활동지.hwp

예시 1: 블라디미르 쿠쉬의 '비상Breach'

예시 2: 르네 마그리트의 '겨울비Golconde'

주제	
작품 설명	
표현할 스케치	

오토드로우 AI로 초현실주의 작품 표현하기

01. 크롬 앱을 실행하고 '오토드로우'를 검색하여 웹사이트에 들어갑니다. 모든 쿠키를
허용하기 위해 화면 아래에 나타난 〈OK, got it〉 버튼을 눌러 줍니다.
〈Start Drawing〉 버튼을 눌러 초현실주의 작품 만들기를 시작합니다.

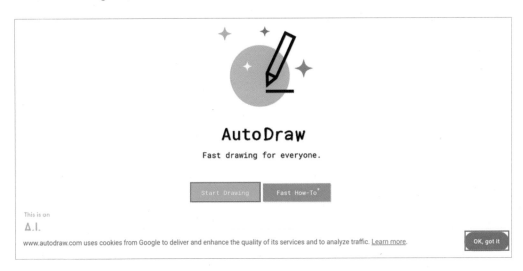

02. 오른쪽 아래에서 색을 변경하고, 활동지에 스케치한 그림을 그립니다.
특징을 잡아 그리고 위쪽의 AI 그림 중에서 선택합니다.

03. 〈Select ⊕〉 버튼을 누르고 그림을 드래그해 크기와 위치를 조정합니다.

04. 초현실주의에 맞게 주제를 나타내는 핵심 요소를 여러 번 그립니다. 여러 번 그린 핵심 그림을 위치와 크기를 조정하여 배치합니다.

05. <Fill > 버튼을 누르고 색상을 선택한 후 그림으로 드래그해 색을 칠합니다.

06. 왼쪽에 있는   버튼을 누르고 [다운로드]를 선택하여 그림을 저장합니다.

07. 저장한 파일을 센드 애니웨어나 공유할 매체를 통해 선생님에게 보냅니다. 그림을 친구들과 공유하고, 컬러로 출력하여 작품을 교실에 게시합니다.
▶ 센드 애니웨어 앱 사용법: 20쪽 [교실 환경 준비 2] 참고

⏱ **수업 종료 10분 전!**   **초현실주의 작품 전시회 열기**

▶ 자신이 만든 초현실주의 작품을 친구들과 공유하기
▶ 잘한 점, 창의적인 점 등을 찾아 친구 칭찬하기

9주 차

쉽고 재미있는
AI 수학 공부

9주 차에는 수학 AI 프로그램과 구글 포토매스^PhotoMath 프로그램으로 자신의 수준에 맞게 수학 공부하는 방법을 알아봅니다.
[수업 17]에서는 AI로 자신의 수준에 맞게 수학을 공부하고, [수업 18]에서는 수학 공부를 하다가 모르는 문제가 나왔을 때 사진을 찍어 AI로 해결해 봅니다.

혼자서도 쉽고 재미있게 수학 공부하기

A학생

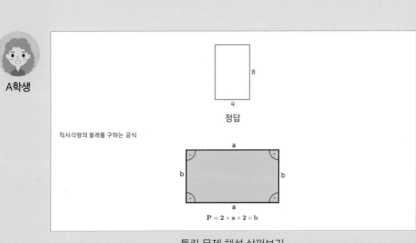

틀린 문제 해설 살펴보기

B학생

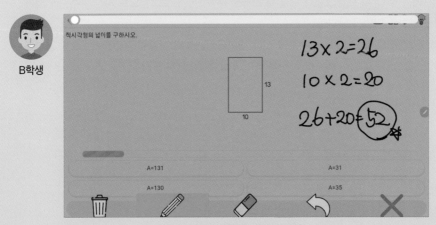

필기로 수학 문제 풀어보기

수학

▶ **활동 시간:** 40~45분

▶ **준비물:** 태블릿 PC, 교과서

▶ **AI 프로그램:** 수학 AI 앱

▶ **수업에서 체험하는 AI 기술:** 동작 인식 센서

▶ **관련 교과:** 유아 수학, 초등 수학, 중등 수학, 고등 수학

▶ **기대 효과**

① 학습지, 필기도구 없이 태블릿 PC를 이용하여 학생 수준에 맞는 수학 공부를 하는 기회를 제공합니다.

② AI를 활용하여 혼자 문제를 풀어 보며 공부할 수 있고, 어려운 부분은 해설을 살펴 보며 자기 주도 학습을 할 수 있습니다.

학습 목표

▶ 수학 AI로 스스로 수학 공부를 하는 방법을 설명할 수 있습니다.

▶ 수학 AI로 스스로 수학 공부를 합니다.

▶ 수학 문제를 만들어 친구들과 공유하는 활동에 적극 참여합니다.

막막한 AI 수업, 이렇게 진행하세요!

1 흥미 유발

"직사각형 넓이는 어떻게 구할까요?"

▶ 교실이나 학교, 집에서 직사각형을 찾아 발표하기

▶ 직사각형과 $1cm^2$의 개념 이해하기

🎯 **학습 목표 제시** | 수학 AI로 직사각형의 넓이 구하는 방법을 공부해 봅시다.

2 수업 진행

수업 준비 **수학 AI 앱 설치하기**

▶ 플레이 스토어에서 수학 AI 앱 설치하기

▶ 수학 AI 앱을 실행해 다양한 기능 살펴보기

🤖 **하면 된다!** **활동지에 나와 있는 직사각형의 넓이 알아보기**

▶ 칸을 하나씩 세어서 직사각형의 넓이 구해 보기

▶ 좀 더 쉽게 구할 수 있는 방법을 찾아보고, 직사각형의 넓이 구하는 방법 생각하기

🤖 **하면 된다!** **수학 AI로 직사각형 넓이 구하는 방법 알아보기**

▶ [초등학교 → 기하학 → 문제를 선택하세요]를 눌러 들어가기

▶ [다각형 → 직사각형(면적 및 둘레)]에서 자신의 수준에 맞게 들어가기

▶ 여러 단계의 문제를 풀어 보고, 부족한 부분은 다시 한번 공부하기

⏱ **수업 종료 10분 전!** **나만의 문제를 만들어 친구와 함께 풀어 보기**

▶ 공부하면서 어려웠거나 의미 있다고 생각하는 문제 2개 만들기

▶ 만든 문제를 친구들과 공유하고 같이 풀어 보기

3 정리

▶ 활동하면서 알게 된 점, 재미있었던 점 등 발표하기

▶ 수학 AI를 활용하면서 느낀 점 발표하기

"어려운 수학, AI로 게임하듯 공부해요."

수학 공부를 할 때 AI를 활용하여 자신에게 필요한 부분을 찾아보고 게임 형태로 문제를 풀어보는 수업입니다.

수학 AI 앱

학습지, 필기도구 없이 수학 AI 앱으로 공부해 봅니다. 먼저 일상생활 속에서 직사각형을 찾아보며 흥미 유발을 합니다. 그런 다음 직사각형의 개념과 모양을 학습하고 관련된 문제를 풀어 봅니다. 이때 수학 AI를 활용하여 자신의 수준을 설정한 후 그에 맞는 문제를 풀어 보고 틀린 문제는 다시 풀 수 있도록 합니다. 마지막으로 어려운 문제를 변형하여 짝과 공유하고 함께 풀어 봅니다.

 하면 된다! | **활동지에 나와 있는 직사각형의 넓이 알아보기**

칸을 하나씩 세어서 직사각형의 넓이를 구해 보세요.

✨ **활동지** | 다음 그림을 살펴보고 직사각형 넓이 구하는 방법을 생각해 봅시다. 📄 수업17_활동지.hwp

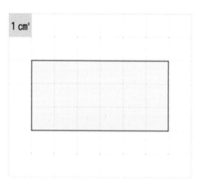

Q1. 가로 길이는 몇 cm입니까? (   )cm

Q2. 세로 길이는 몇 cm입니까? (   )cm

Q3. 1㎠가 총 몇 개입니까? (   )개

Q4. 직사각형의 넓이는 어떻게 구할 수 있나요?
   (   )

수학 AI로 공부할 준비하기

01. 플레이 스토어에서 '수학'을 검색합니다. 가장 먼저 나오는 '수학 - 초등수학 & 수학문제' 앱을 설치합니다.

02. 설치한 앱을 실행합니다. 로그인 화면이 나오는데 〈계속하세요〉를 누릅니다.

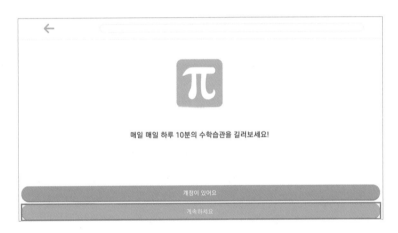

03. 다음 창에서 [한국어]를 선택하고 나이도 입력합니다.

04. 계정을 등록해도 되지만 개인정보 때문에 이메일을 등록하고 싶지 않다면 〈비회원으로 계속하기〉를 누릅니다. 다음 창에서도 〈비회원으로 계속하기〉를 누릅니다.

05. 메인 화면이 나타나면 왼쪽 위에 있는 ⚙ 를 누릅니다.

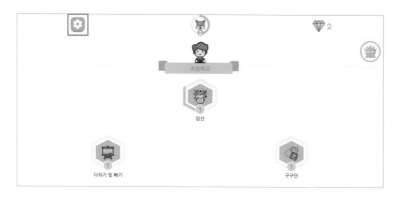

06. 다문화 가정 학생이나 외국인 학생이 있으면 해당 언어로 바꿔서 진행합니다.

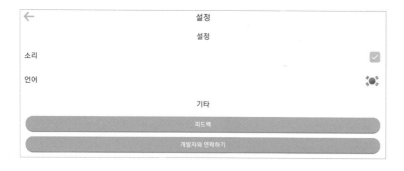

07. 다시 메인 화면으로 나와서 아래에서 [급] 탭을 선택합니다. 주제별로 진행해도 되지만 그렇게 되면 학습 내용이 학년 구분 없이 섞이므로 학년별로 볼 수 있도록 [급]을 선택합니다.

08. 학습하고자 하는 학년과 주제를 선택합니다. 이번 수업은 직사각형의 넓이를 구하는 주제이므로 학년은 [5학년], 주제는 [기하학 → 직사각형 면적 및 둘레]를 선택합니다.

09. 난이도를 선택하는 창이 나옵니다. 먼저 [쉬운 테스트]부터 선택하고, 수준이 높은 학생들은 다음에 [어려운 테스트]까지 풀어보도록 안내합니다.

하면 된다! **수학 AI로 직사각형 넓이 구하는 방법 공부하기**

01. 문제가 나오면 답을 구해 봅니다. 이때 암산으로 구해도 되지만 직접 펜으로 풀어 볼 수 있도록 오른쪽 위에 있는 아이콘을 선택합니다.

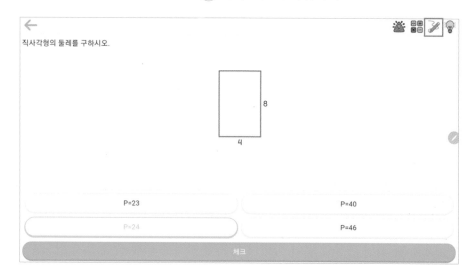

02. 펜을 이용하여 직접 필기하면서 풀어 봅니다.

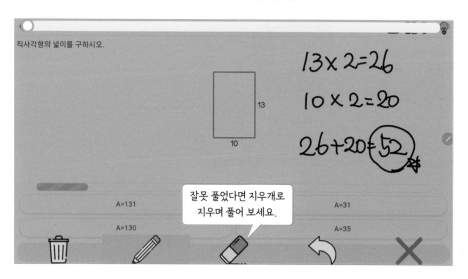

03. 답을 선택해 봅니다. 오답이면 빨간색으로 표시되고, 오른쪽 위에 있는 책 모양도 함께 색이 변합니다. 책 모양 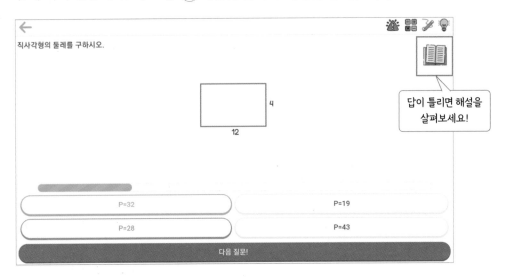 버튼을 눌러서 해설을 살펴봅니다.

04. 제시된 문제를 다 풀면 다음과 같이 화면이 뜨는데 이것은 크게 신경 쓰지 말고 [계속하세요]를 눌러 다음 문제로 넘어갑니다.

05. 단계가 통과되면 [계속하세요]와 [다시 풀어 보세요!]가 나타나는데, 학생들 수준에 맞게 선택합니다.

이 앱은 무료이기 때문에 광고가 5초 정도 나오는데 미리 학생들에게 안내하여 광고가 끝나면 바로 다음 단계로 넘어가도록 안내합니다.

06. 수학 AI 프로그래은 보상 체계로 다이아몬드가 나오는데, 이것은 크게 신경 쓰지 말고 수학 문제에 집중하도록 합니다.

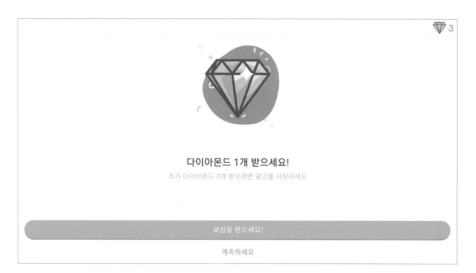

⏱ **수업 종료 10분 전!** | **나만의 문제를 만들어 친구와 함께 풀어 보기**

▶ 공부하면서 어려웠거나 의미 있다고 생각하는 문제 2개 만들기

▶ 만든 문제를 친구들과 공유하고 같이 풀어 보기

사진 찍어 모르는 수학 문제 풀기

A학생

스마트폰 카메라 기능으로
풀이 과정 찍어서 확인하기

B학생

풀이 과정을 단계별로 공부하기

수학

▶ **활동 시간:** 40~45분

▶ **준비물:** 태블릿 PC, 활동지(프린트물)

▶ **AI 프로그램:** 포토매스 AI 앱

▶ **수업에서 체험하는 AI 기술:** 이미지 인식 센서

▶ **관련 교과:** 유아 수학, 초등 수학, 중등 수학, 고등 수학

▶ **기대 효과**

① 혼자 공부하면서 모르는 문제가 나왔을 때 AI의 도움을 받아 해결하는 경험을 제공합니다.

② 어려운 수학 문제도 혼자 해결할 수 있다는 자신감을 높일 수 있습니다.

학습 목표

▶ 포토매스 AI로 모르는 수학 문제를 푸는 방법을 설명할 수 있습니다.

▶ 포토매스 AI로 모르는 수학 문제를 풉니다.

▶ 모르는 문제가 나와도 자신 있게 적극 해결하려는 태도를 가집니다.

막막한 AI 수업, 이렇게 진행하세요!

1 흥미 유발

"세 자리 수 곱셈을 할 줄 아나요?"

▶ 일상에서 경험할 수 있는 곱셈 상황 살펴보기

▶ 두 자리 수 × 두 자리 수 세로식 계산 방법 떠올리기

> 🎯 **학습 목표 제시** | 포토매스 AI로 세 자리 수 × 두 자리 수 곱셈 방법을 공부해 봅시다.

2 수업 진행

수업 준비 **포토매스 AI 앱 설치하기**

▶ 플레이 스토어에서 포토매스 AI 앱 설치하기

▶ 기본 설정을 한국어로 바꾸고 기능 살펴보기

🤖 **하면 된다! 활동지에 세 자리 수 × 두 자리 수 문제 풀어 보기**

▶ 세 자리 수 × 두 자리 수 곱셈의 원리 알아보기

▶ 난이도별로 제시한 곱셈 문제 해결하기

🤖 **하면 된다! 포토매스 AI로 모르는 문제 해결하기**

▶ 활동지에서 자신이 모르거나 헷갈리는 문제 사진 찍기

▶ 사진을 찍은 문제의 해결 방법 살펴보기

▶ 알고 있는 문제도 다시 한번 촬영해서 해결 방법 비교해 보기

⏱ **수업 종료 10분 전! 어려운 수학 문제 도전하기**

▶ 수업 시간에 배운 문제보다 난이도가 높은 문제 풀어 보기

▶ 문제를 풀지 못하거나 잘 풀었는지 궁금한 학생은 포토매스 AI로 확인하기

3 정리

▶ 활동하면서 알게 된 점, 재미있었던 점 등 발표하기

▶ 포토매스 AI를 활용하면서 느낀 점 발표하기

"수학 문제, 사진을 찍으면 AI가 풀어 줍니다!"

수학 공부를 하면서 잘 모르거나 헷갈리는 문제가 나왔을 때 AI를 활용하여 해결해 보는 수업입니다.

먼저 수학 시간에 배웠던 두 자리 수 × 두 자리 수 문제를 푸는 방법을 떠올려 봅니다. 그 후 몇 가지 문제를 풀어 보면서 세로식으로 푸는 방법을 확인하고, 세 자리 수 × 두 자리 수 문제를 풀어 봅니다. 이때 헷갈리거나 모르는 문제가 나오면 포토매스 AI를 활용하여 사진을 찍어 다시 한번 문제를 풀어 봅니다.

포토매스 AI 앱

하면 된다! **활동지에 세 자리 수 × 세 자리 수 문제 풀어 보기**

세 자리 수 × 두 자리 수 곱셈의 원리를 알아보고 손으로 연습 문제를 풀어 보세요.

🪄 **활동지** | 세 자리 수 × 두자리 수 곱셈하는 방법을 알아봅시다.　　　　📄 수업18_활동지.hwp

〈연습 문제 1〉	〈연습 문제 2〉
1 8 4 × 2 7	2 9 7 × 3 0

하면 된다! **포토매스 AI로 모르는 문제 해결하기**

01. 플레이 스토어에서 '포토매스'를 검색해 설치합니다.
포토매스 앱은 가로로도 가능하지만 세로로 봤을 때
더 잘 활용할 수 있으므로 세로로 진행합니다.

02. 포토매스 앱을 실행합니다. 첫 화면에 나오는
튜토리얼을 살펴보면서 어떻게 작동되는지 확인합
니다.

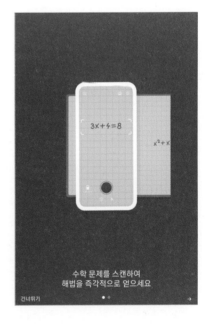

03. 사진 촬영과 동영상 촬영 권한을 확인하는 메시지가 나오면 [앱 사용 중에만 허용]을 선택합니다.

04. 바로 카메라 화면이 나오는데 활동지에서 풀어 본 수학 문제를 찍어 봅니다.

카메라 프레임 안에 문제가 들어오도록
위치를 잘 잡으세요!

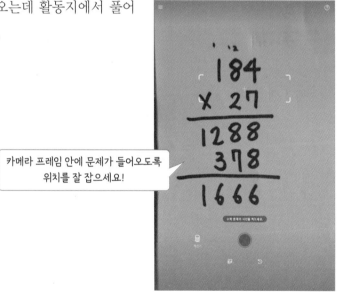

05. [애니메이션 튜토리얼]로 문제의 풀이 과정이 나옵니다. 자신이 푼 과정과 비교하며 어떤 부분이 잘못되었는지 확인합니다.

잘못된 부분을 확인했다면 다시 한번 풀어 봅니다.

06. 포토매스 AI는 모르는 문제를 풀 때도 도움이 되지만 새로운 방식의 문제 풀이를 할 때도 도움이 된다는 것을 안내합니다.

서술형 문제는 한글을 인식하지 못하므로 식으로 나타내서 사진을 찍어 확인하도록 합니다.

⏱ 수업 종료 10분 전!	어려운 수학 문제 도전하기
▶ 수업 시간에 배운 문제보다 난이도가 높은 문제 풀어 보기 ▶ 문제를 풀지 못하거나 잘 풀었는지 궁금한 학생은 포토매스 AI로 확인하기	

악기 없이 연주하는
AI 음악 시간

구글 크롬 뮤직 랩Chrome Music Lab의 셰어드 피아노Shared Piano AI 프로그램으로 다양한 악기를 연주하고, 함께 합주해 보는 수업입니다.

[수업 19]에서는 교과서에서 배운 노래를 AI로 연주하고 앞부분만 녹음하여 제목을 맞히는 활동을 하고, [수업 20]에서는 AI로 각자 다른 악기를 연주해 보고 친구들과 함께 합주합니다.

수업 19   **피아노 연주하고 음악 퀴즈 맞히기** – 셰어드 피아노

수업 20   **친구들과 원격으로 기악 합주하기** – 셰어드 피아노

A학생

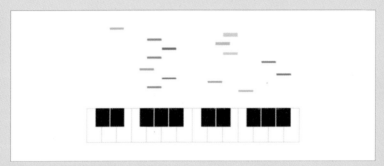

피아노로 연주하기

B학생

다른 악기로 연주하기

음악

▶ **활동 시간:** 40~45분

▶ **준비물:** 태블릿 PC, 활동지(프린트물)

▶ **AI 프로그램:** 구글 크롬 뮤직 랩 - 셰어드 피아노

▶ **수업에서 체험하는 AI 기술:** 동작 인식 센서

▶ **관련 교과:** 유아 음악, 통합 교과, 초등 음악, 중등 음악, 창의적 체험활동, 동아리 활동

▶ **기대 효과**

① 악기 없이 수업 시간에 배운 노래를 연주해 보는 경험을 합니다.

② AI로 다양한 악기를 연주하고 각자 소리를 들어 보고 즐기는 경험을 제공합니다.

학습 목표

▶ 셰어드 피아노 AI를 활용하여 다양한 악기로 연주하는 방법을 설명할 수 있습니다.

▶ 셰어드 피아노 AI를 활용하여 다양한 악기로 연주합니다.

▶ 음악 퀴즈를 맞히는 활동에 적극 참여합니다.

막막한 AI 수업, 이렇게 진행하세요!

1 흥미 유발

"악기를 연주해 본 적 있나요?"

▶ 리코더, 탬버린, 피아노 등으로 연주한 경험 떠올리기

▶ 컴퓨터나 태블릿 PC 등 디지털 장비로 연주하는 영상 살펴보기

🎯 **학습 목표 제시** │ 셰어드 피아노 AI로 다양한 악기를 연주해 봅시다.

2 수업 진행

수업 준비 **크롬 뮤직 랩 — 셰어드 피아노 AI 웹사이트 접속하기**

▶ 크롬 앱을 실행하고 크롬 뮤직 랩 웹사이트에서 셰어드 피아노에 접속하기

▶ 다양한 기능을 만져 보고 연주할 수 있도록 설정 변경하기

🤖 **하면 된다!** **교과서에서 연주할 노래 탐색하기**

▶ 활동지에 있는 연습 노래를 함께 불러보기

▶ 교과서에서 배운 노래를 탐색하여 어떤 노래를 연주하면 좋을지 정하기

🤖 **하면 된다!** **셰어드 피아노 AI로 다양한 악기 연주하기**

▶ 활동지에 있는 연습 노래나 자신이 연주하고 싶은 노래를 피아노로 연주해 보기

▶ 악기를 변경하여 연주하기

▶ 자신이 연주한 노래를 녹음하여 친구들과 링크 공유하기

⏱ **수업 종료 10분 전!** **친구들이 만든 음악 퀴즈 맞히기**

▶ 친구들이 녹음한 연주를 첫 부분만 듣고 맞혀 보기

▶ 연주를 잘한 점, 적극 참여한 점 등을 찾아 친구 칭찬하기

3 정리

▶ 활동하면서 알게 된 점, 재미있었던 점 등 발표하기

▶ 셰어드 피아노 AI를 활용하면서 느낀 점 발표하기

"비행기 노래를 AI로 연주해 봐요!"

교과서에서 배운 노래를 AI를 활용하여 연주하고 음악 퀴즈를 맞혀
보는 수업입니다. 크롬 뮤직 랩의 셰어드 피아노 AI 프로그램으로 교
과서에서 배운 노래를 다양한 악기로 연주해 봅니다. 처음에는 피아
노로 연주하고 악기를 변경하여 다양한 악기로도 연주해 보도록 합니
다. 마지막으로 자신이 연주한 노래의 앞부분을 녹음해서 친구들에게
들려주고 어떤 노래인지 맞혀 보는 활동을 통해 교과서에서 배운 노
래를 다시 한번 익혀 봅니다.

크롬 뮤직 랩 AI

 교과서에서 연주할 노래 탐색하기

활동지에 있는 노래를 함께 불러보고 연주할 노래를 정해 보세요.

✨**활동지** | 다음 악보를 보고 계이름으로 노래를 불러 봅시다.   📄 수업19_활동지.hwp

| 하면 된다! | 셰어드 피아노 AI로 연주하기 |

01. 크롬 앱을 실행하고 '크롬 뮤직 랩'을 검색해 웹사이트에 들어 갑니다. 첫 번째에 있는 [셰어드 피아노] 또는 [공유 피아노]를 누릅니다.

모든 쿠키를 허용하기 위해 화면 아래에 나타난 〈OK, got it〉 버튼을 누릅니다.

02. 경고 창으로 'MIDI 기기를 제어하고 다시 프로그래밍하려고 합니다.'라고 뜨면 [허용]을 선택합니다.

03. 오른쪽 아래에 있는 ⚙️을 눌러 노래에 맞게 설정할 수 있습니다.

여기서는 [OCTAVES(옥타브)]를 [2]로 설정합니다.

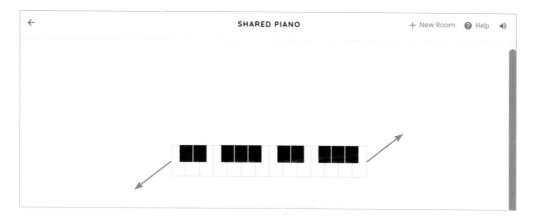

04. 2개의 옥타브만 화면에 나타납니다.

건반을 누르기 쉽도록 손가락 두 개로 스와이프해 확대합니다.

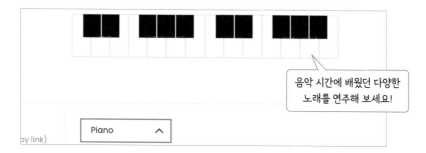

05. 처음에는 악기를 피아노로 설정하여 활동지에 나온 연습곡을 연주해 봅니다.

음악 시간에 배웠던 다양한
노래를 연주해 보세요!

셰어드 피아노 AI로 연주한 음악 녹음하기

01. 드럼키트, 마림바, 스트링, 신스, 드럼 마스터, 우드 윈드 등 다양한 악기로 바꾸어
연주합니다.

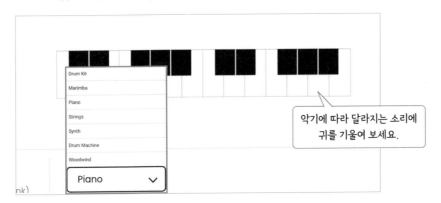

02. 교과서에 있는 두 곡을 골라 피아노로 1곡을 연주하고, 다른 한 곡은 다른 악기로
설정하여 연주합니다.

각각 연주를 마친 후에는 오른쪽 아래에 있는 [Save ✓]를 선택하고 [open in new
tab]을 눌러 새 창으로 띄웁니다.

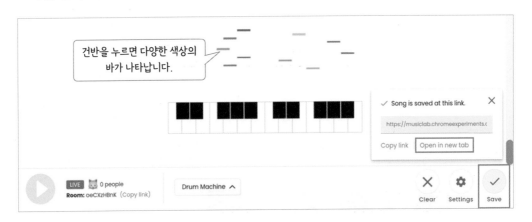

03. 새 창에서 왼쪽 아래에 있는 〈플레이 ⏵〉 버튼을 눌러 친구들에게 들려 줍니다. 앞부분만 들려 주고 노래를 알아맞히는 게임을 해보세요.

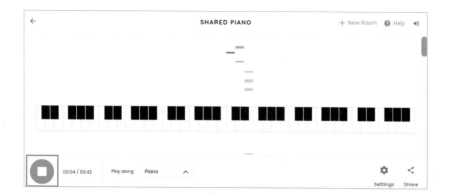

┌─────────────┬──┐
│ 🕐 수업 종료 │ **친구들이 만든 음악 퀴즈 맞히기**   │
│ 10분 전!   │   │
└─────────────┴──┘
▶ 친구들이 녹음한 연주를 첫 부분만 듣고 맞혀 보기
▶ 연주를 잘한 점, 적극 참여한 점 등을 찾아 친구 칭찬하기

친구들과 원격으로 기악 합주하기

A학생

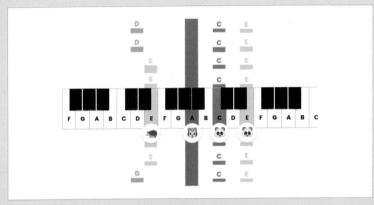

친구들과 함께 기악 합주하기

B학생

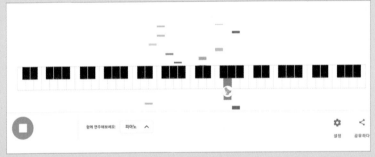

친구들과 함께 기악 합주하기

– 셰어드 피아노

음악

▶ **활동 시간:** 40~45분

▶ **준비물:** 태블릿 PC, 활동지(프린트물)

▶ **AI 프로그램:** 구글 크롬 뮤직 랩 - 셰어드 피아노

▶ **수업에서 체험하는 AI 기술:** 동작 인식 센서

▶ **관련 교과:** 유아 음악, 통합 교과, 초등 음악, 중등 음악, 창의적 체험활동, 동아리 활동

▶ **기대 효과**

① 악기 없이 AI를 활용하여 다양한 악기를 다루는 경험을 합니다.

② AI로 자신의 자리에서 원격으로 기악 합주하는 즐거운 경험을 할 수 있습니다.

학습 목표

▶ 셰어드 피아노 AI를 활용하여 원격으로 기악 합주하는 방법을 설명할 수 있습니다.

▶ 셰어드 피아노 AI를 활용하여 원격으로 친구들과 함께 기악 합주를 합니다.

▶ AI를 활용하여 기악 합주하는 활동에 적극 참여합니다.

막막한 AI 수업, 이렇게 진행하세요!

1 흥미 유발

"다 함께 합주한 경험을 떠올려 봐요."
▶ 친구들과 함께 여러 악기로 연주한 경험 떠올리기
▶ 잼(즉흥 연주) 영상이나 기악 합주 영상 감상하기

🎯 **학습 목표 제시** | 셰어드 피아노 AI로 친구들과 기악 합주를 해봅시다.

2 수업 진행

수업 준비 **크롬 뮤직 랩 — 셰어드 피아노 AI 웹사이트 접속하기**
▶ 크롬 앱을 실행하고 크롬 뮤직 랩 웹사이트에서 셰어드 피아노에 접속하기
▶ 다양한 기능을 만져 보고 연주할 수 있도록 설정 변경하기

🤖 **하면 된다!** **활동지에 있는 노래 살펴보기**
▶ 함께 연주할 노래의 계이름과 함께 노래 살펴보기
▶ 친구들과 함께 자신이 연주할 악기를 정하기

🤖 **하면 된다!** **셰어드 피아노 AI로 원격 기악 합주하기**
▶ 자신이 맡은 악기로 연주 연습하기
▶ 한자리에 모여서 함께 연습하기
▶ 기악 합주한 노래를 녹음하여 저장하기

⏱ **수업 종료 10분 전!** **친구들과 함께 공유하기**
▶ 친구들과 함께 기악 합주한 노래를 전체 친구들과 공유하기
▶ 연주를 잘한 모둠, 적극적으로 참여한 모둠 등을 찾아 칭찬하기

3 정리

▶ 활동하면서 알게 된 점, 재미있었던 점 등 발표하기
▶ 셰어드 피아노 AI를 활용하면서 느낀 점 발표하기

"악기 없이 다 함께 AI로 연주해요!"

악기 없이 크롬 뮤직 랩의 셰어드 피아노 AI 프로그램으로 다양한 악기를 이용하여 기악 합주를 해봅니다. 처음에는 각자 연주할 악기를 선택한 후 연주할 노래를 각자 연습합니다. 그리고 각자의 자리에서 원격으로 다함께 천천히 박자에 맞춰 기악 합주를 합니다.

크롬 뮤직 랩 AI

 하면 된다! | **활동지에서 노래 살펴보기**

연주할 노래의 계이름을 살펴보고 친구들과 함께 자신이 연주할 악기를 정해 보세요.

🪄 **활동지** | 다음 악보 가운데 하나를 골라서 기악 합주 연습을 해봅시다.　　📄 수업20_활동지.hwp

---

〈노래1〉 산바람 강바람

활동지 파일을 내려 받으면 두 개의 노래가 있습니다. 원하는 노래를 골라 연주해 보세요.

하면 된다! **셰어드 피아노 AI로 원격 기악 합주하기**

01. 크롬 앱을 실행하고 '크롬 뮤직 랩'을 검색해 웹사이트에 들어 갑니다. 첫 번째에 있는 [셰어드 피아노] 또는 [공유 피아노]를 누릅니다.

모든 쿠키를 허용하기 위해 화면 아래에 나타난 〈OK, got it〉 버튼을 누릅니다.

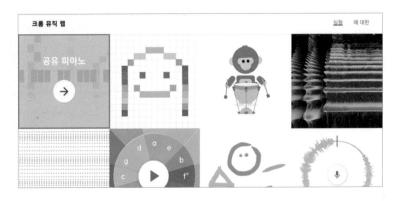

02. 경고 창으로 'MIDI 기기를 제어하고 다시 프로그래밍하려고 합니다.'라고 뜨면 [허용]을 선택합니다.

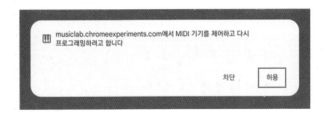

03. 오른쪽 아래에 있는 ⚙을 눌러 노래에 맞게 설정할 수 있습니다.
여기서는 [OCTAVES(옥타브)]를 [2]로 설정합니다.

04. 노래 한 곡을 선택하여 피아노로 먼저 연주해 봅니다.

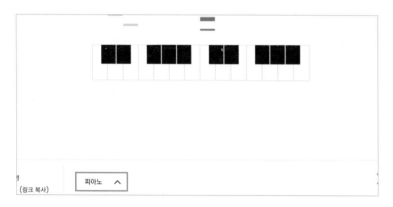

05. 노래의 멜로디를 익힌 다음에는 자신이 맡은 악기로 바꿔서 연주합니다.

06. 피아노 역할을 맡은 학생은 왼쪽 아래에 있는 [링크 복사]를 선택하여 다른 친구들에게 복사된 주소를 공유하여 함께 접속하도록 합니다.

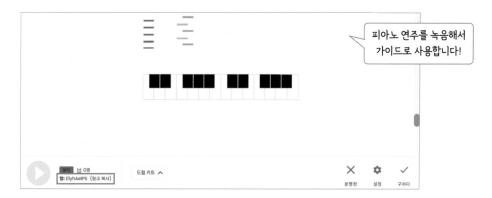

07. 복사된 링크를 웹에 붙여 넣어 해당 주소로 이동하면 피아노 역할을 맡은 학생의 화면에 접속할 수 있습니다.

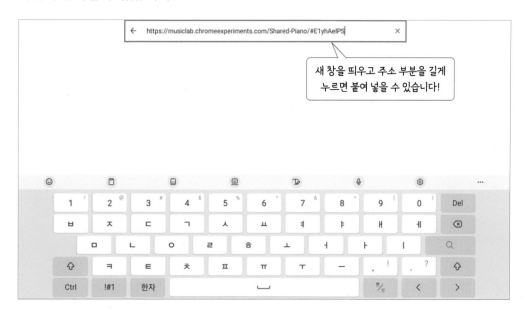

08. 각자 연습한 부분을 천천히 느린 박자로 연습하다가 점점 원래 빠르기로 맞춰서 기악 합주해 봅니다.

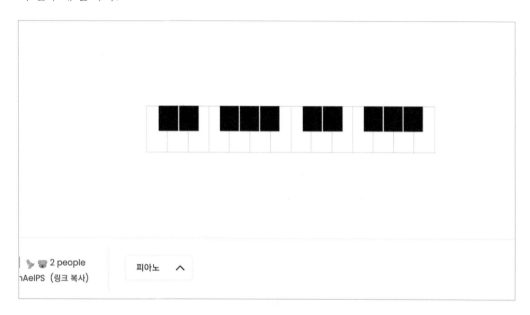

09. 각자의 역할에 맞게 연습한 뒤 오른쪽 아래에 있는 [save] 또는 [구하다]를 선택하고 [Open in new tab] 또는 [새 탭에서 열기]를 눌러 기악 합주한 부분을 새로운 창에 엽니다.

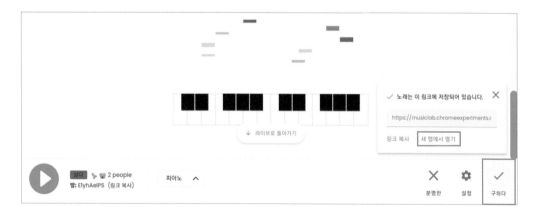

10. 기악 합주한 노래를 친구들과 함께 감상하고, 우리 모둠과 다른 점을 찾아보는 활동을 합니다.

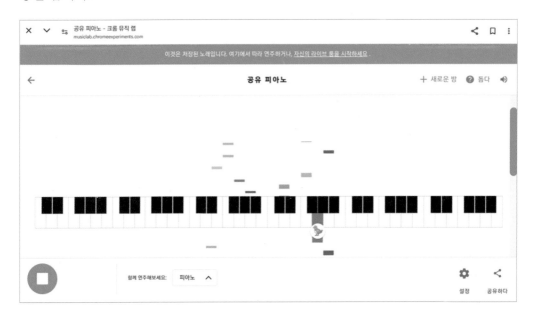

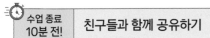

⏱️ **수업 종료 10분 전!** | **친구들과 함께 공유하기**

▶ 친구들과 함께 기악 합주한 노래를 전체 친구들과 공유하기
▶ 연주를 잘한 모둠, 적극적으로 참여한 모둠 등을 찾아 칭찬하기

식물 관찰하고
AI 도감 만들기

구글 렌즈와 미리캔버스 AI 프로그램으로 식물을 관찰한 후, 그 내용을 모아 식물도감으로 만들어 보는 수업입니다.

[수업 21]에서는 학교에 있는 다양한 식물을 구글 렌즈로 확인하면서 찾아보고, [수업 22]에서는 식물을 관찰한 내용을 미리캔버스 AI 프로그램을 활용하여 식물도감으로 만들어 봅니다.

A학생

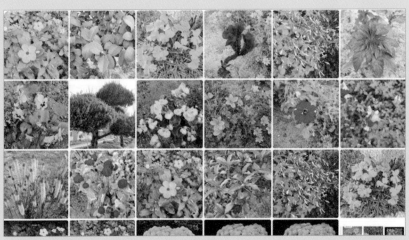
구글 렌즈로 식물 검색하기

B학생

우리 학교 주변에서 자라는 다양한 식물 촬영하기

과학

▶ **활동 시간:** 80~90분

▶ **준비물:** 태블릿 PC, 활동지(프린트물), 돋보기, 메모지, 필기도구

▶ **AI 프로그램:** 구글 렌즈

▶ **수업에서 체험하는 AI 기술:** 이미지 인식 센서

▶ **관련 교과:** 유아 자연, 통합 교과, 초등 과학, 중등 과학, 창의적 체험활동, 자율 시간

▶ **기대 효과**

① 식물의 이름과 특징을 모르는 학생에게 식물에 관한 기초 지식을 제공합니다.

② AI로 식물을 탐색하고 식물에 흥미와 호기심을 갖게 됩니다.

학습 목표

▶ 구글 렌즈로 식물을 탐색하는 방법을 설명할 수 있습니다.

▶ 구글 렌즈로 학교 주변에서 자라는 식물을 탐색하고 특징을 찾습니다.

▶ 생활 속에서 식물에 흥미를 느끼고 관심을 갖습니다.

막막한 AI 수업, 이렇게 진행하세요!

1 흥미 유발

"여러분이 알고 있는 식물 이름 3가지를 말해 봐요!"

▶ 자신이 알고 있는 식물 이름 말하기
▶ 화면에 나오는 식물의 이름 맞혀 보기

🎯 **학습 목표 제시** │ 구글 렌즈로 식물 명탐정 놀이를 해봅시다.

2 수업 진행

수업 준비 **구글 렌즈 사용해 보기**

▶ 갤럭시 탭의 경우, 플레이 스토어에서 구글 렌즈 앱을 검색해 설치하기
▶ 아이패드의 경우, 앱 스토어에서 구글 앱 설치하고 이미지 검색 실행해 보기

🤖 하면 된다! **식물 명탐정 놀이 전 준비하기**

▶ 역할 정하기(모둠원이 4명인 경우: 구글 렌즈 촬영 2명, 활동지 기록 1명, 위치 기록 1명)
▶ 활동하기 전에 필요한 물품 챙기기
▶ 안전하게 활동할 수 있도록 주의해야 할 일 알아보기

🤖 하면 된다! **구글 렌즈로 식물 명탐정 놀이하기**

▶ 학교를 돌아다니며 구글 렌즈로 식물 촬영하기
▶ 교실로 돌아와서 촬영한 식물을 구글 렌즈로 검색하여 활동지 작성하기

⏱ 수업 종료 10분 전! **식물 명탐정 놀이에서 조사한 내용 발표하기**

▶ 모둠별로 조사한 내용을 친구들과 공유하기
▶ 조사한 내용을 바탕으로 최고의 명탐정 모둠을 발표하고 잘한 점 칭찬하기

3 정리

▶ 활동하면서 알게 된 점, 재미있었던 점 등 발표하기
▶ 구글 렌즈를 활용하면서 느낀 점 발표하기

"학교 주변의 식물 이름을 AI로 알아내요!"

AI를 활용하여 학교에 있는 식물을 찾아보고 관찰하는 수업입니다. 구글 렌즈로 학교 주변에서 자라는 다양한 식물을 탐색하고 어떤 특징이 있는지 정리해 봅니다. 단순히 탐색만 하는 것보다 게임 요소를 추가하여 식물별로 점수를 배정한 후 모둠별로 점수를 합산합니다. 또한 미리 준비한 활동지에 관찰한 내용을 간단하게 기록하고 정리하여 식물도감을 만드는 기초 자료로 사용합니다.

구글 렌즈

 하면 된다! | ## 식물 명탐정 놀이를 하기 전 준비하기

안전한 활동을 위해 주의할 점을 알아보고 모둠을 꾸리세요. 모둠별로 역할을 정한 후 활동할 때 필요한 물품을 챙깁니다.

활동지 | 우리 학교 식물 명탐정 놀이를 해봅시다.   수업21_활동지.hwp

식물 명탐정 놀이를 할 때 주의할 점

1. 위험한 곳에 가까이 가지 않습니다.
2. 식물이나 잘 모르는 것은 함부로 만지지 않습니다.
3. 혼자 다니지 않습니다.
4. 선생님 도움이 필요하면 바로 요청합니다.

식물 명탐정 놀이를 한 후 조사한 내용 적어 보기

이름		이름	
위치		위치	
특징		특징	

하면 된다! ## 구글 렌즈로 식물 명탐정 놀이하기

01. 모둠원이 모여 태블릿 PC를 가지고 학교에 있는 다양한 식물을 촬영합니다. 운동장이나 교실 바깥쪽은 와이파이가 되지 않기 때문에 카메라로 사진을 찍어 교실로 가져옵니다.

> 눈에 띄는 식물들 사진을 찍어 보세요!

02. 갤럭시 탭을 사용하는 경우, 플레이 스토어에서 '구글 렌즈'를 검색해 설치합니다.

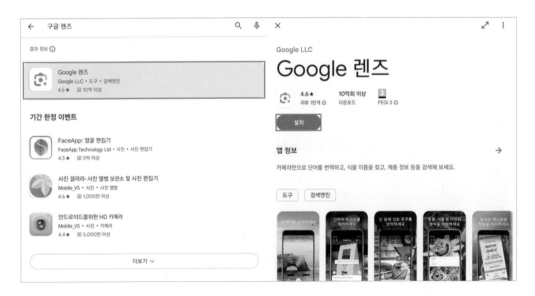

03. 아이패드를 사용하는 경우, 앱스토어에서 구글 앱을 설치하고 이미지 검색 아이콘 ⊙을 누릅니다.

구글 앱

04. 사진과 갤러리에 대한 액세스를 허용합니다.

05. 갤러리에 있는 사진 중에서 검색하고자 하는 식물의 사진을 골라 선택합니다.

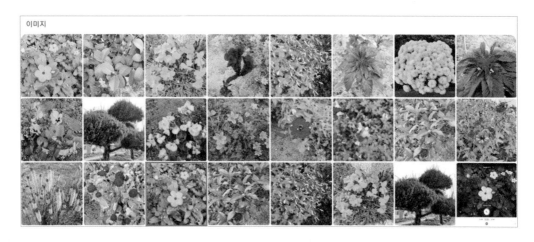

06. 구글 렌즈가 자동으로 식물을 인식해 [검색] 결과로 나타냅니다. 화면을 아래로 내리면 자세한 내용을 볼 수 있습니다. 여기서 나온 정보를 바탕으로 식물의 이름, 학교 내 위치, 특징 등을 활동지에 기록합니다.

> 하나만 보지 말고 다양한 글을 보며 정보를 얻습니다.

07. 꽃이나 식물의 잎뿐만 아니라 식물의 전체적인 모습을 촬영한 사진으로도 검색해 봅니다.

⏱ **수업 종료 10분 전!** | **식물 명탐정 놀이에서 조사한 내용 발표하기**

▶ 모둠별로 조사한 내용을 친구들과 공유하기

▶ 조사한 내용을 바탕으로 최고의 명탐정 모둠을 발표하고 잘한 점 칭찬하기

수업 22 | # 우리 학교 식물도감 만들기

A학생

식물도감 표지 만들기

B학생

식물도감에서 식물 소개하기

과학 +미술

▶ **활동 시간:** 40~45분

▶ **준비물:** 태블릿 PC, 활동지(프린트물)

▶ **AI 프로그램:** 미리캔버스

▶ **수업에서 체험하는 AI 기술:** 이미지 인식 센서

▶ **관련 교과:** 초등 과학, 초등 국어, 중등 과학, 중등 국어, 창의적 체험활동

▶ **기대 효과**

① 미리캔버스 AI의 기능을 익혀 식물도감을 만들어 보며 책을 만드는 경험을 합니다.

② 식물에 지속적으로 관심을 갖고 AI를 생활 속에서 활용하려는 태도를 갖습니다.

③ 다양한 정보를 간추려서 다른 사람에게 소개하는 글을 작성할 수 있습니다.

학습 목표

▶ 미리캔버스 AI를 활용하여 식물도감을 만드는 방법을 설명합니다.

▶ 미리캔버스 AI를 활용하여 식물도감을 만듭니다.

▶ 식물에 흥미와 관심을 두고 아끼며 보호하는 태도를 가집니다.

막막한 AI 수업, 이렇게 진행하세요!

1 흥미 유발

"가장 기억에 남은 식물을 소개해 보세요!"

▶ 앞 시간에 자신이 조사한 식물 발표하기

▶ 조사한 내용을 여러 친구들이 함께 볼 수 있는 방법 생각해 보기

🎯 **학습 목표 제시** | 미리캔버스로 우리 학교 식물도감을 만들어 봅시다.

2 수업 진행

수업 준비 **미리캔버스 앱 설치하기**

▶ 플레이 스토어에서 미리캔버스 앱 내려받아 설치하기

▶ 미리캔버스 앱의 다양한 기능을 사용해 보며 연습하기

🤖 **하면 된다!** **우리 학교 식물도감 만들기 전 준비하기**

▶ 모둠을 꾸리고 모둠에서 자신이 맡을 식물 정하기

▶ 학교를 돌아다니며 자신이 맡은 식물을 찾아 스케치하고 특징 적어 보기

🤖 **하면 된다!** **미리캔버스로 식물도감 만들기**

▶ 미리캔버스에서 '전자책'을 검색하고 템플릿 정하기

▶ 모둠원 한 명을 정하여 식물도감의 책 표지 디자인하기

▶ 각자 맡은 식물의 사진을 검색하여 삽입하고 소개하는 글 넣기

▶ 식물의 이름과 특징, 발견한 위치 등을 작성하기

▶ 작성한 파일을 저장하여 선생님께 전송하기

▶ 교사는 모둠별 식물도감을 모아서 폴더에 저장하기

⏱ **수업 종료 10분 전!** **모둠별로 만든 식물도감 공유하기**

▶ 모둠별로 만든 식물도감을 전체 친구들과 공유하기

▶ 식물도감을 잘 만든 모둠 칭찬하기

3 정리

▶ 활동하면서 알게 된 점, 재미있었던 점 등 발표하기

▶ 미리캔버스를 활용하면서 느낀 점 발표하기

"우리 학교 식물도감을 발행해 봐요!"

식물 명탐정 놀이를 하면서 조사한 내용을 바탕으로 AI로 식물도감을 만드는 수업입니다. 미리캔버스 AI 프로그램을 활용하여 앞서 조사한 식물 자료로 식물도감을 만들고, 친구들과 공유합니다. 이때 다양한 형태의 템플릿을 찾아보고 자신만의 스타일로 식물도감을 만들어 봅니다.

미리캔버스 앱

 하면 된다! | ## 우리 학교 식물도감 만들기 전 준비하기

모둠을 꾸리고 모둠원마다 역할을 정한 후, 학교를 돌아다니며 자신이 맡은 식물을 찾아 그림으로 나타내고 특징을 적어 보세요.

✨**활동지** | 우리 학교 식물도감 만들기   📄 수업22_활동지.hwp

＊ 우리 모둠의 모둠원 역할을 정해 봅시다.

> 앞 수업에서 조사한 식물 중에서 하나씩 맡아 역할을 정합니다!

모둠 이름:			
모둠원 이름	역할	모둠원 이름	역할

＊ 자신이 맡은 식물의 그림을 스케치하고 설명을 적어 봅시다.

〈그림〉	〈설명〉

우리 학교 식물도감 만들기 1 – 템플릿 활용하기

01. 플레이 스토어에서 '미리캔버스'를 검색해 설치합니다. 앱을 실행해 로그인 창이 뜨면 태블릿 PC에 저장된 구글 계정으로 들어가도록 안내합니다.

02. 템플릿을 찾아서 도감을 만들어 보겠습니다. 검색 창에 '도감' 또는 '전자책'을 검색하고 원하는 템플릿을 선택합니다.

▶ 노란 왕관 아이콘 👑이 있는 템플릿은 유료입니다. 왕관 아이콘이 없는 것을 선택하세요.

03. [이 템플릿 사용하기]를 눌러 사용합니다.

04. 가장 먼저 표지에 있는 글자를 선택하고 제목을 '우리 학교 식물도감'으로 바꿉니다. 왼쪽에서 글꼴, 글자 크기, 색상, 정렬 등도 수정합니다.

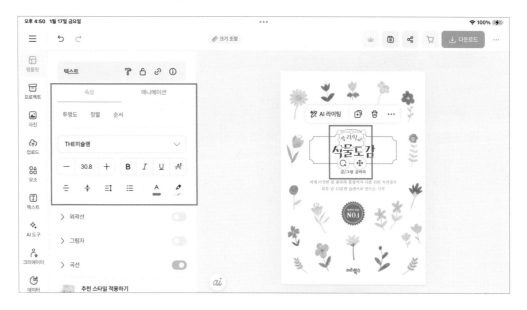

우리 학교 식물도감 만들기 2 – 본문 만들기

01. 표지가 완성되면 아래에 있는 ⊕ 버튼을 선택하여 본문 페이지를 만듭니다.
이곳에 식물을 소개하는 내용을 넣을 거예요. 본인이 맡은 식물의 수만큼 추가합니다.

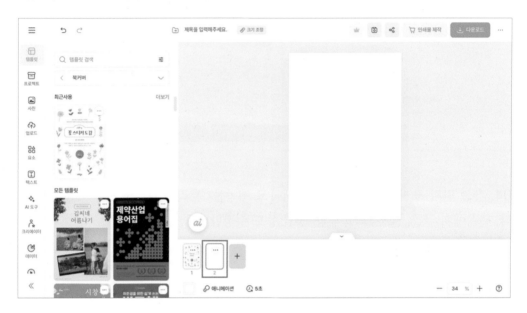

02. 왼쪽에서 [사진] 탭을 선택한 후 검색창에 식물의 이름을 검색합니다.
또는 [업로드] 버튼을 눌러 자신이 활동지에 그린 식물 그림을 사진으로 올릴 수도 있습니다.

03. 식물을 가장 잘 나타낸 사진을 눌러 선택합니다. 페이지에 사진이 나타나면 모서리를 드래그해 크기와 위치를 조정합니다.

▶ 노란 왕관 아이콘 👑이 있는 사진은 유료입니다. 왕관 아이콘이 없는 것을 선택하세요.

04. 왼쪽에서 [텍스트] 탭을 선택한 후 식물 이름을 제목으로 입력합니다.
스타일, 폰트 등도 함께 수정합니다.

05. 설명글에 들어갈 내용은 구글 렌즈 앱에서 검색해 활용해도 되고, 앞 시간에 작성한 활동지를 참고해 작성해도 됩니다.

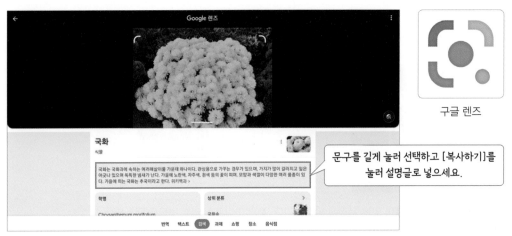

구글 렌즈

> 문구를 길게 눌러 선택하고 [복사하기]를 눌러 설명글로 넣으세요.

▶ 구글 렌즈로 검색하는 방법은 [수업 21]을 참고하세요.

06. 내용을 모두 적었다면 [요소] 탭을 선택한 후 검색창에 '꽃'을 검색합니다. 너무 많은 아이콘은 내용을 보는 데 방해될 수 있으니 1~2개의 아이콘을 골라 배경을 꾸밉니다.

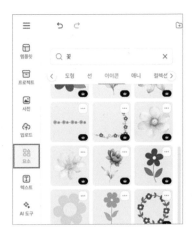

07. 마지막으로 [배경] 탭을 선택하여 페이지의 바탕 배경을 변경합니다. 사진이나 글이 잘 보일 수 있도록 잔잔한 느낌의 배경을 선택합니다.

08. 사진을 선택하여 [그라데이션 마스크]를 적용합니다. 아래에서 [범위]를 조절하면
사진의 테두리가 옅어지면서 배경과 잘 어우러집니다.

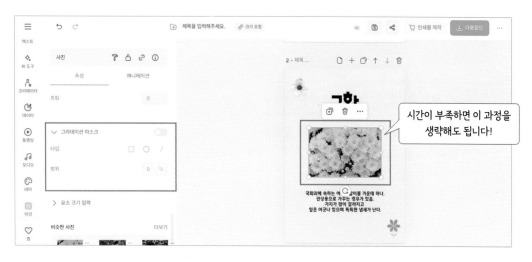

시간이 부족하면 이 과정을
생략해도 됩니다!

09. 모든 페이지를 완성했다면 오른쪽 위에 있는 〈다운로드〉 버튼을 눌러 저장합니다.
형식은 [PNG]로 선택해 저장합니다.

10. 태블릿 PC의 갤러리에 들어가서 저장된 사진을 확인합니다. 저장된 파일을 센드 애니웨어 앱을 이용해 교사에게 전송합니다.

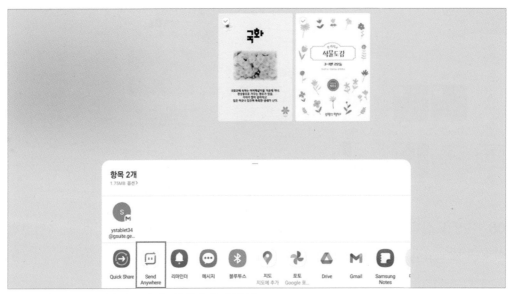

▶ 센드 애니웨어 앱 사용법: 20쪽 [교실 환경 준비 2] 참고

<table>
<tr><td>수업 종료
10분 전!</td><td>모둠별로 만든 식물도감 공유하기</td></tr>
</table>

▶ 모둠별로 만든 식물도감을 전체 친구들과 공유하기

▶ 식물도감을 잘 만든 모둠 칭찬하기

12주 차

놀면서 배우는
AI 영어 번역

챗GPT를 사용하면 한글로 쓴 글을 단번에 영어로 바꿀 수 있습니다. 영어 회화 내용을 음성 녹음으로 작성해 주기도 하죠.
[수업 23]에서는 AI로 외국 유명인과 영어 인터뷰를 하고, [수업 24]에서는 고마운 사람에게 크리스마스 영어 카드를 써 봅니다.

A학생

메시와 영어로 가상 인터뷰하기

B학생

오바마와 영어로 가상 인터뷰하기

– 챗GPT

영어

▶ **활동 시간:** 40~45분

▶ **준비물:** 태블릿 PC, 활동지(프린트물)

▶ **AI 프로그램:** 챗GPT

▶ **수업에서 체험하는 AI 기술:** 음성 인식 센서

▶ **관련 교과:** 유아 영어, 통합 교과, 초등 영어, 중등 영어, 창의적 체험활동

▶ **기대 효과**

　① 외국 유명인에게 평소 궁금했던 내용을 영어로 인터뷰하는 경험을 합니다.

　② AI를 활용해 영어로 소통하며 영어에 자신 없는 학생들에게 자신감을 줍니다.

학습 목표

▶ 챗GPT로 외국 유명인을 인터뷰하는 방법을 설명할 수 있습니다.

▶ 챗GPT로 외국 유명인을 인터뷰합니다.

▶ 영어 공부를 할 때 챗GPT를 적극 활용하는 태도를 가집니다.

막막한 AI 수업, 이렇게 진행하세요!

1 흥미 유발

"만나고 싶은 외국 유명인이 있나요?"

▶ 자신이 인터뷰한다면 어떤 인물을 인터뷰하고 싶은지 생각하기

▶ 그 인물을 선택한 이유 발표하기

🎯 **학습 목표 제시** | 챗GPT로 외국 유명인과 영어 인터뷰해 봅시다.

2 수업 진행

수업 준비 **챗GPT 앱 설치하기**

▶ 플레이 스토어에서 챗GPT 앱을 다운로드하고 구글 계정으로 로그인하기

🤖 **하면 된다!** **활동지에 인터뷰 질문 적어 보기**

▶ 인터뷰하고 싶은 인물과 그 이유 적기

▶ 인터뷰에서 물어보고 싶은 질문을 교과서에서 배운 내용을 바탕으로 영어로 적기

🤖 **하면 된다!** **챗GPT로 외국 유명인 영어 인터뷰하기**

▶ [음성 인식] 버튼을 눌러 창을 변환하고 인물의 성별에 맞게 목소리 바꾸기

▶ 외국 유명인에게 준비한 질문을 하고 활동지에 요약된 답변 작성하기

▶ 준비한 질문 외에도 생각나는 내용을 추가로 질문하기

⏱️ **수업 종료 10분 전!** **간단한 기사문을 작성하여 친구들과 공유하기**

▶ 인터뷰한 내용을 바탕으로 간단한 기사문 작성하기

▶ 친구들과 기사문 공유하기

3 정리

▶ 활동하면서 알게 된 점, 재미있었던 점 등 발표하기

▶ 챗GPT를 활용하면서 느낀 점 발표하기

"내가 만약 오바마 대통령을 만난다면?"

실제로 만나기 힘든 외국 유명인과 챗GPT로 영어 인터뷰를 해 봅시다.
처음에는 외국 유명인이 우리나라에 왔을 때 인터뷰하는 영상을 다
함께 시청한 후 자신이 인터뷰하고 싶은 인물을 정합니다. 그리고 활
동지에 인터뷰할 사람의 나이, 가족 관계, 좋아하는 운동 등의 질문을

챗GPT

영어로 적어 보고, 챗GPT에게 해당 사람의 역할을 부여하여 가상 영어 인터뷰를 진행
합니다. 마지막으로 인터뷰 결과를 간단한 형식의 글로 정리하여 친구들과 공유합니다.

 하면 된다! **활동지에 인터뷰 질문 적어 보기**

인터뷰하고 싶은 인물과 선정한 이유를 적고 인터뷰할 질문을 영어로 적어 보세요.

✨ **활동지** | 챗GPT로 외국 유명인과 영어 인터뷰하기　　　　📄 수업23_활동지.hwp

인터뷰하고 싶은 인물과 이유	인물 이름	
	이유	
하고 싶은 질문을 영어로 적기	1.	
	2.	
	3.	
	4.	
답변 요약	1.	
	2.	
	3.	
	4.	

챗GPT로 외국 유명인 영어 인터뷰하기

01. 플레이 스토어에서 '챗GPT'를 검색해 앱을 다운로드합니다.

02. 앱을 실행한 후 오른쪽 윗부분의 〈회원 가입〉 버튼을 누릅니다.
[Google로 계속하기]를 눌러 태블릿 PC에 설정되어 있는 구글 계정으로 로그인합니다.

03. 학생 계정으로 계속 진행합니다.

04. 챗GPT 메인 화면의 오른쪽에 〈고급 음성 모드 〉 버튼이 보입니다.
버튼을 눌러 인터뷰합니다.

05. 오디오 권한 허용 메시지가 뜨면 [앱 사용 중에만 허용]을 선택합니다.

06. 음성 인식 대화창이 뜨면 "당신이 OOO이라고 생각하고 답해줘."라고 말하고 활동지에 미리 적어 놓은 질문으로 인터뷰합니다.

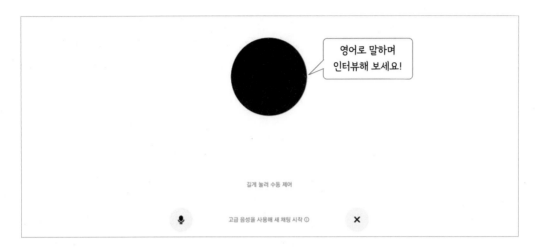

07. 활동지에 있는 질문을 바탕으로 인터뷰를 진행하고 인터뷰한 내용을 활동지에 작성합니다. 대화 내용은 채팅창에 따로 남기 때문에 모든 내용을 적지 않고, 핵심 내용만 적도록 안내합니다.

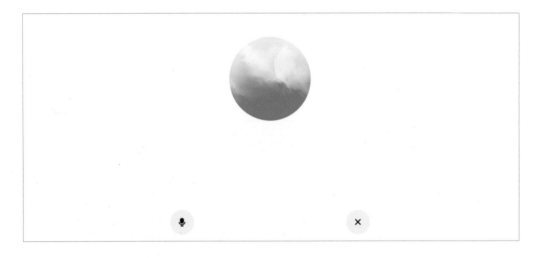

08. 음성 대화창을 나가면 영어로 인터뷰한 내용이 남아있는 것을 볼 수 있습니다. 대화 내용을 바탕으로 답변 내용을 활동지에 간략하게 정리합니다.

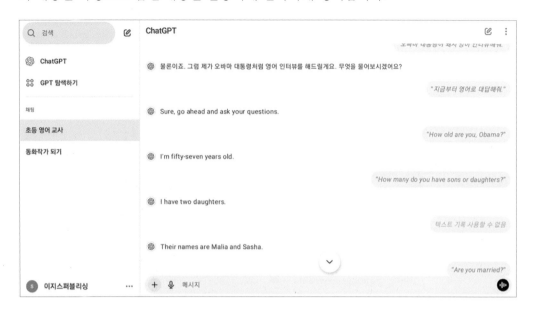

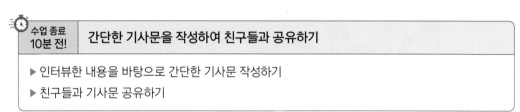

A학생

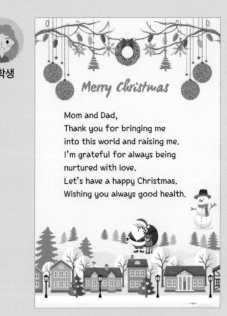

크리스마스 영어 카드

B학생

크리스마스 영어 카드

― 캔바

영어
+ 미술

▶ **활동 시간:** 80~90분

▶ **준비물:** 태블릿 PC, 활동지(프린트물)

▶ **AI 프로그램:** 챗GPT, 캔바 AI

▶ **수업에서 체험하는 AI 기술:** 음성 인식 센서

▶ **관련 교과:** 유아 영어, 초등 영어, 중등 영어, 창의적 체험활동

▶ **기대 효과**

① 수업 시간에 배운 내용을 바탕으로 크리스마스 영어 카드를 적어 보는 경험을 합니다.

② AI를 활용하여 영어로 번역하거나 잘못된 부분을 교정하는 기회를 제공합니다.

③ AI를 활용하여 크리스마스 영어 카드를 만들어 보는 즐거운 경험을 합니다.

학습 목표

▶ 챗GPT를 활용하여 한글을 영어로 번역하는 방법을 설명할 수 있습니다.

▶ 챗GPT를 활용하여 크리스마스 영어 카드를 작성합니다.

▶ 캔바를 활용하여 크리스마스 카드를 만들 때 적극 참여하는 태도를 가집니다.

막막한 AI 수업, 이렇게 진행하세요!

1 흥미 유발

"친구와 친구를 주고받아 본 적 있나요?"
- ▶ 평소에 편지를 주고받은 경험 발표하기
- ▶ 영어로 편지를 써 본 적이 있는지 발표하기

🎯 **학습 목표 제시** | AI로 크리스마스 영어 카드를 만들어 봅시다.

2 수업 진행

수업 준비 **챗GPT와 캔바 앱 설치하기**
- ▶ 플레이 스토어에서 챗GPT, 캔바 앱 내려받고 구글 계정으로 로그인하기
- ▶ 챗GPT, 캔바 앱 실행하여 기본 기능 다뤄 보기

🤖 **하면 된다!** **활동지에 한글로 크리스마스 카드 적기**
- ▶ 카드를 보내고 싶은 대상 정하기
- ▶ 감사한 사람에게 크리스마스 때 쓰고 싶은 말을 한글로 적기

🤖 **하면 된다!** **크리스마스 영어 카드 만들기**
- ▶ 챗GPT에 역할을 부여하고, 한글로 쓴 카드를 음성으로 녹음하여 번역하기
- ▶ 영어로 카드를 쓴 사람은 음성으로 내용을 읽어 보고 교정받기
- ▶ 캔바 AI를 활용하여 크리스마스 카드 꾸미기
- ▶ 꾸며진 크리스마스 카드에 편지 내용을 붙여 넣고 저장하기

⏱ **수업 종료 10분 전!** **크리스마스 영어 카드를 작성하여 친구들과 공유하기**
- ▶ 자신이 만든 크리스마스 영어 카드를 친구들과 공유하기
- ▶ 잘한 점, 칭찬할 점 등을 찾아 친구에게 칭찬하기

3 정리

- ▶ 활동하면서 알게 된 점, 재미있었던 점 등 발표하기
- ▶ 챗GPT와 캔바 AI를 활용하면서 느낀 점 발표하기

"메리 크리스마스! 카드를 보내 봐요."

챗GPT와 캔바 AI로 감사한 사람에게 크리스마스 영어 카드를 써 보는 수업입니다.

편지를 보냈던 경험을 떠올려 보고, 영어로 편지를 쓴다면 누구에게 보낼 것인지 생각해 봅니다. 편지 내용을 한글이나 영어로 적어 봅니다. 챗GPT를 활용하여 영어로 번역하거나 틀린 부분을 교정받습니다. 캔바 AI로 크리스마스 카드를 꾸미고 영어로 번역한 내용을 입력합니다. 마지막으로 자신이 쓴 영어 편지를 친구들과 공유합니다.

챗GPT 앱

캔바 앱

 하면 된다! | **활동지에 한글로 크리스마스 카드 적기**

카드를 보내고 싶은 대상을 한 명 정하고 활동지에 한글로 크리스마스 카드 내용을 적어 보세요.

활동지 | AI로 크리스마스 영어 카드 만들기   📄 수업24_활동지.hwp

카드를 보내고 싶은 대상	
카드에 쓰고 싶은 내용	㉠ 가족과 함께 잘 보내길 바란다. 맛있는 것 많이 먹길 바란다. 항상 건강하길 바란다. ㅇㅇㅇㅇㅇ했던 것이 고마웠다. 등
크리스마스 카드 디자인하기	

크리스마스 영어 카드 만들기 1 – 챗GPT로 내용 입력하기

01. 챗GPT 앱을 실행한 후 태블릿 PC에 설정되어 있는 학생용 구글 계정으로 로그인합니다.

▶ 챗GPT를 설치하고 로그인하는 내용은 [수업 23]을 참고하세요.

02. 검색창에 "지금부터 내가 하는 말을 영어로 번역해줘"라고 입력해 챗GPT에 역할을 부여합니다.

03. 〈고급 음성 모드 ◖◗〉 버튼을 누르고 활동지에 적어 둔 편지를 음성으로 말합니다.

오디오 권한 설정 메시지가 뜨면 [앱 사용 중에만 허용]을 선택합니다.

04. 음성으로 말한 내용이 검색창에 나타나면 자신이 쓴 편지 내용과 맞는지 확인한 후 채팅을 입력합니다.

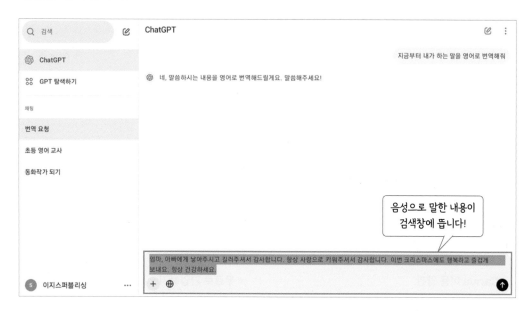

05. 챗GPT가 영어로 번역하면 잘 되었는지 확인합니다. 화면을 꾹 누르면 메뉴 창이 뜨는데 [소리 내어 읽기] 버튼을 눌러 발음도 들어 봅니다.

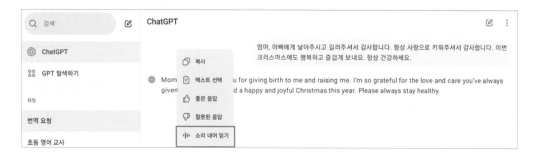

06. 다시 한 번 편지 내용을 꾹 누르고 [복사]를 선택합니다.

크리스마스 영어 카드 만들기 2 – 캔바 AI로 카드 꾸미기

01. 플레이 스토어에서 '캔바'를 검색해 설치하고 실행합니다.

캔바 이용 약관에 동의한 후, 구글 계정 또는 마이크로소프트, 이메일 등의 계정으로 로그인합니다.

02. 팝업 창이 뜨면 [학생]을 눌러 캔바에 접속합니다.

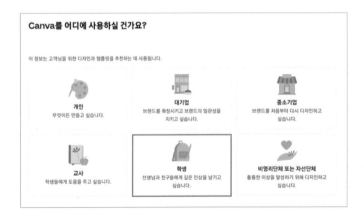

03. 메인 화면이 나오면 왼쪽 위에 있는 <디자인 만들기> 버튼을 선택합니다.

04. 팝업 창이 뜨면 '크리스마스 카드' 또는 '크리스마스 편지'를 검색하고 사이즈를 선택합니다.

05. 왼쪽 템플릿에서 마음에 드는 것을 선택합니다.

▶ 노란 왕관 아이콘 👑이 있는 템플릿은 유료입니다. 왕관 아이콘이 없는 것을 선택하세요.

06. 왼쪽에서 [텍스트] 탭을 누르고 챗GPT에서 복사한 영어 편지 내용을 붙여 넣습니다.

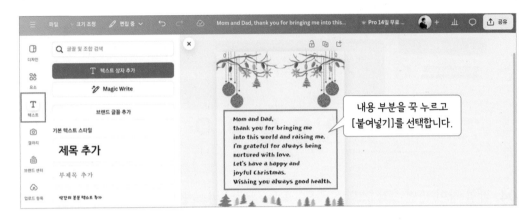

07. 글꼴, 크기, 위치 등을 조정하여 편지에 배치합니다.

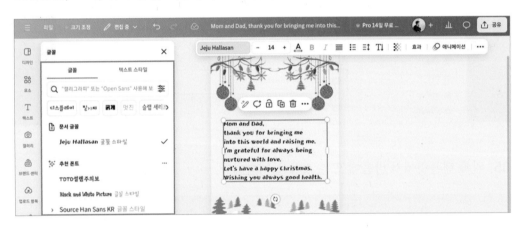

08. 텍스트 창에서 아래로 스크롤을 내리면 [글꼴 조합]을 선택해 문구를 추가할 수 있습니다. 맨 위에 메인 문구를 추가로 작성합니다.

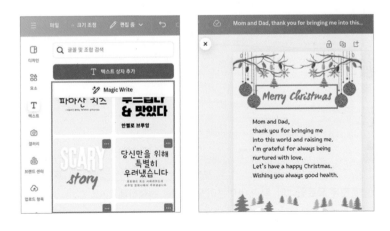

09. 왼쪽에서 [요소] 탭을 선택하고 아이콘이나 그래픽 요소를 넣어 꾸밉니다.

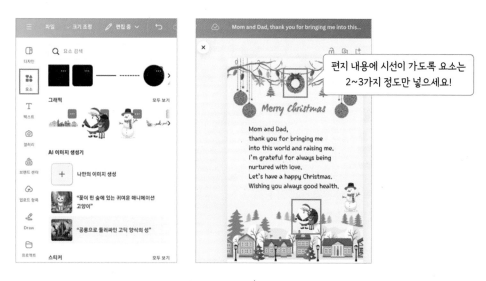

10. 크리스마스 영어 카드가 완성되면 오른쪽 위에 있는 〈공유〉 버튼을 선택합니다. 〈다음으로 저장〉을 눌러 파일로 저장합니다.

11. 파일 형식으로 [PNG]를 선택하고 다운로드합니다. 갤러리 앱에 저장된 이미지를 센드 애니웨어 앱이나 패들렛 앱으로 교사에게 공유합니다.

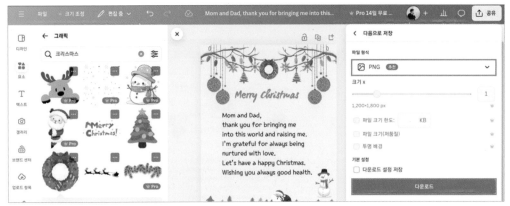

▶ 센드 애니웨어 앱 사용법: 20쪽 [교실 환경 준비 2] 참고

▶ 패들렛 앱 사용법: 24쪽 [교실 환경 준비 3] 참고

수업 종료 10분 전!	크리스마스 영어 카드를 작성하여 친구들과 공유하기

▶ 자신이 만든 크리스마스 영어 카드를 친구들과 함께 공유하기

▶ 잘한 점, 칭찬할 점 등을 찾아 친구에게 칭찬하기

노래를 만드는
AI 작곡

구글의 크롬 뮤직 랩 - 송 메이커 AI 프로그램으로 노래를 편곡해 보고, 비트를 만들어 미리 지은 동시로 랩을 해 보는 수업입니다.
[수업 25]에서는 나만의 스타일로 '아리랑'을 편곡해 보고, [수업 26]에서는 AI로 비트를 만들어 동시 랩을 해 보겠습니다.

나만의 '아리랑' AI 편곡하기

A학생

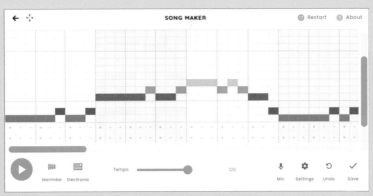

아리랑 기본음으로 연주하기

B학생

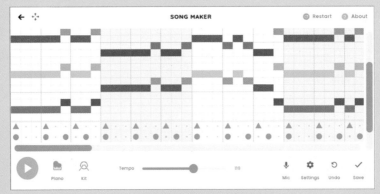

편곡한 아리랑 연주하기

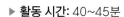

– 송 메이커

음악

▶ **활동 시간:** 40~45분

▶ **준비물:** 태블릿 PC, 활동지(프린트물)

▶ **AI 프로그램:** 구글 크롬 뮤직 랩 - 송 메이커

▶ **수업에서 체험하는 AI 기술:** 동작 인식 센서

▶ **관련 교과:** 유아 음악, 초등 음악, 초등 국어, 중등 국어, 중등 음악, 창의적 체험활동

▶ **기대 효과**

① 음악 이론을 몰라도 음악을 편곡할 수 있다는 자신감을 줍니다.

② AI로 아리랑을 나만의 방식으로 편곡해 보는 기회를 제공합니다.

학습 목표

▶ 송 메이커로 음악을 편곡하는 방법을 설명할 수 있습니다.

▶ 송 메이커로 아리랑을 나만의 스타일로 편곡합니다.

▶ 생활 속에서 인공지능 프로그램에 관심을 가지고 활용하는 태도를 가질 수 있습니다.

막막한 AI 수업, 이렇게 진행하세요!

1 흥미 유발

"우리 민요 아리랑을 들어 봤나요?"

▶ '아리랑'을 다함께 불러보기
▶ 다양한 버전의 '아리랑' 들어 보기

◎ **학습 목표 제시** | AI를 활용하여 나만의 스타일로 아리랑을 편곡해 봅시다.

2 수업 진행

수업 준비 크롬 뮤직 랩 웹페이지의 송 메이커 접속하기

▶ 크롬 앱을 실행하고 크롬 뮤직 랩 웹페이지의 송 메이커 접속하기
▶ 다양한 기능을 사용해 보며 연습하기

🤖 **하면 된다!** 아리랑 계이름 악보 살펴보기

▶ 아리랑 계이름 악보를 읽어 보기
▶ 활동지의 아리랑 계이름에 색칠하기

🤖 **하면 된다!** 송 메이커로 아리랑 편곡하기

▶ 활동지에 입력한 음표를 보고 송 메이커에 음 입력하기
▶ 박자, 리듬, 음표 등을 다양하게 변경하여 편곡하기

⏱ **수업 종료 10분 전!** 자신이 편곡한 아리랑 공유하기

▶ 자신이 편곡한 아리랑을 친구들과 공유하기
▶ 잘 편곡한 친구를 칭찬하고, 잘한 점 발표하기

3 정리

▶ 활동하면서 알게 된 점, 재미있었던 점 등 발표하기
▶ 송 메이커를 활용하면서 느낀 점 발표하기

"AI로 아리랑을 나만의 느낌으로 편곡해요!"

크롬 뮤직 랩의 송 메이커Song Maker AI로 아리랑을 직접 연주하고 박자, 리듬 등을 바꿔서 편곡해 봅니다. 이때 AI로 화음, 박자, 리듬, 악기에 변화를 주어 다양한 형태의 음악을 경험함으로써 편곡하는 즐거움을 느껴 볼 수 있습니다. 그리고 자신이 만든 노래를 친구들과 함께 공유해 보는 활동으로 수업을 마무리합니다.

크롬 뮤직 랩

 하면 된다! | **아리랑 계이름 악보 살펴보기**

아리랑 계이름 악보를 읽어 보고 활동지에 색칠해 보세요.

✨ **활동지** | 아리랑의 계이름에 맞게 밑에 있는 칸에 색칠해 봅시다.   📄 수업25_활동지.hwp

① 아 - 리랑 - 아 - 리랑 - 아 라--리 - 요 - - - -

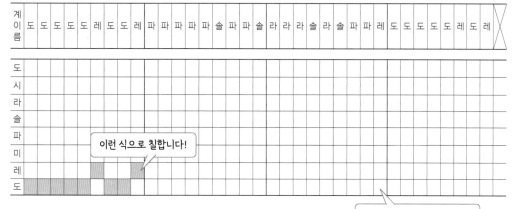

이런 식으로 칠합니다!

활동지 파일을 내려 받아
나머지 악보도 살펴보세요!

하면 된다! **송 메이커로 아리랑 편곡하기 1** – 원곡 아리랑 연주하기

01. 크롬 앱을 실행하고 '크롬 뮤직 랩'을 검색해 웹사이트에 들어갑니다. 모든 쿠키를 허용하기 위해 화면 아래의 〈OK, got it〉 버튼을 누릅니다.

두 번째 [Song Maker]를 선택하여 들어갑니다.

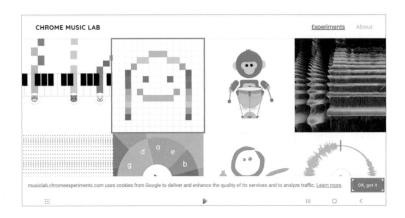

02. 'MIDI 기기를 제어하고 다시 프로그래밍하려고 합니다.'라고 경고 창이 뜨면 [허용]을 선택합니다.

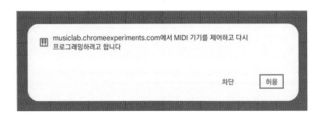

03. 오른쪽 아래의 〈Settings ⚙〉를 눌러 아리랑에 맞게 세팅합니다.

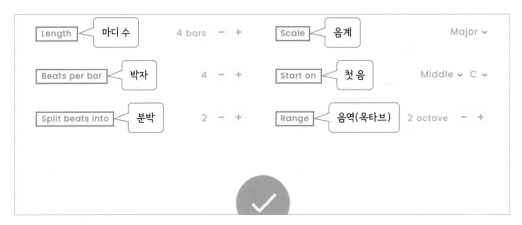

04. 활동지에 색칠했던 대로 화면을 터치하며 음을 표시합니다. 맨 밑에 있는 두 줄은 리듬 악기이며, 위에 있는 부분은 건반 악기입니다. 밑에서부터 낮은 도로 시작하여 높은 시까지 선택할 수 있습니다.

모두 입력한 후 ▶ 버튼을 눌러서 확인합니다.

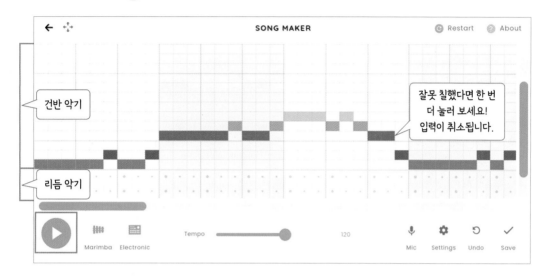

05. 아래 두 줄에 장구 박자를 세마치장단인 덩/덩/쿵덕쿵/으로 입력합니다.

덩은 ▲●, 쿵은 ●, 덕은 ▲를 사용합니다.

마지막까지 세마치장단을 넣은 후 재생해 봅니다.

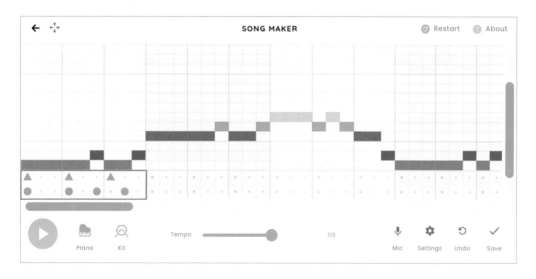

송 메이커로 아리랑 편곡하기 2 – 악기 변경하고 화음 넣어 편곡하기

01. 멜로디를 담당하는 악기와 장구 부분을 담당하는 악기를 다른 것으로 바꾸어 연주해 봅니다.

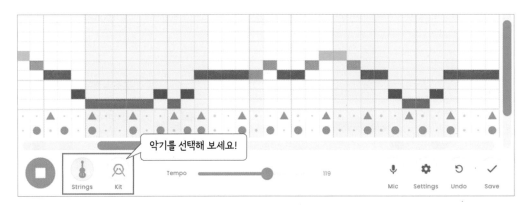

02. 옥타브를 달리하여 똑같은 위치에 화음도 넣어 봅니다.
같은 간격으로 음을 선택하여 편곡해 봅니다.

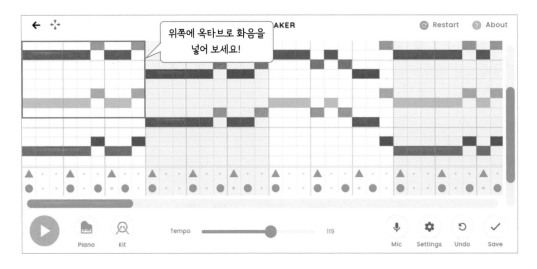

03. [Tempo]를 조절하여 빠르기도 변경해 봅니다.

템포는 너무 빠르게 하거나 느리게 하면 감상하기 힘들 수 있으니 유의합니다.

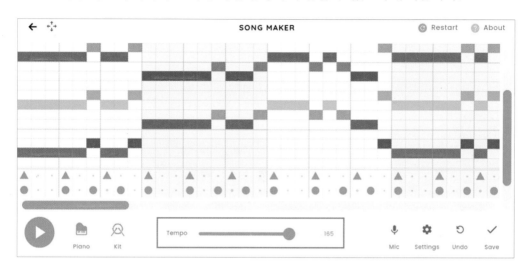

04. [Save ✓]를 선택하여 편곡한 내용을 저장합니다. [Copy Link]를 선택하고 패들렛 앱에서 공유합니다. 또는 [Download WAV]를 선택하여 파일을 저장하고 센드 애니웨어 앱을 사용하여 교사에게 보냅니다.

▶ 센드 애니웨어 앱 사용법: 20쪽 [교실 환경 준비 2] 참고

▶ 패들렛 앱 사용법: 24쪽 [교실 환경 준비 3] 참고

수업 종료 10분 전!	**자신이 편곡한 아리랑 공유하기**

▶ 자신이 편곡한 아리랑을 친구들과 공유하기

▶ 잘 편곡한 친구를 칭찬하고, 잘한 점 발표하기

수업 26 | # AI로 비트 만들고 랩 하기

A학생

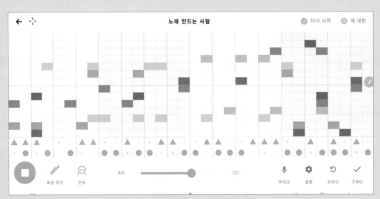

단순하게 랩 비트 만들기

B학생

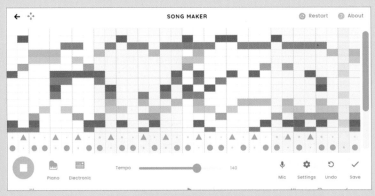

복잡하게 랩 비트 만들기

– 송 메이커

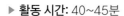

음악

▶ **활동 시간:** 40~45분

▶ **준비물:** 태블릿 PC, 활동지(프린트물)

▶ **AI 프로그램:** 구글 크롬 뮤직 랩 - 송 메이커

▶ **수업에서 체험하는 AI 기술:** 동작 인식 센서

▶ **관련 교과:** 유아 음악, 초등 음악, 초등 국어, 중등 국어, 중등 음악, 창의적 체험활동

▶ **기대 효과**

① 음악 이론을 몰라도 창의적으로 비트를 만들 수 있다는 자신감을 줍니다.

② AI로 작곡한 비트에 자신이 지은 동시를 랩으로 불러 보며 창의적 표현 활동을 합니다.

학습 목표

▶ 송 메이커 AI를 사용하여 나만의 비트를 만듭니다.

▶ 내가 만든 동시를 비트와 함께 불러봅니다.

▶ 일상에서 인공지능에 관심을 가지고 적극 활용하려는 태도를 가집니다.

막막한 AI 수업, 이렇게 진행하세요!

1 흥미 유발

"여러분이 좋아하는 래퍼는 누구인가요?"

▶ 국어 시간에 지은 동시를 친구들에게 발표하기

▶ 발표한 후 동시 수정하기

🎯 **학습 목표 제시** | 자신이 지은 동시에 AI로 비트를 만들어 넣고 랩을 해 봅시다.

2 수업 진행

수업 준비 크롬 뮤직 랩 웹페이지의 송 메이커 접속하기

▶ 크롬 앱을 실행하고 크롬 뮤직 랩 웹페이지의 송 메이저 접속하기

▶ 다양한 기능을 사용해 보며 연습하기

하면 된다! 활동지에 동시를 적고 읽어 보기

▶ 동시를 활동지에 적기

▶ 박자를 타며 동시 읽어 보기

하면 된다! 송 메이커 AI로 비트 만들기

▶ 자신이 지은 동시에 알맞은 비트 만들기

▶ 비트에 맞춰서 동시 랩 연습하기

수업 종료 10분 전! 친구들과 자신이 만든 동시 랩 공유하기

▶ 같은 모둠 친구들과 자신이 만든 동시로 랩 하기

▶ 반 전체 친구들과 자신이 만든 동시로 랩 하기

▶ 비트를 잘 만든 친구와 랩을 잘한 친구 칭찬하기

3 정리

▶ 활동하면서 알게 된 점, 재미있었던 점 등 발표하기

▶ 송 메이커를 활용하면서 느낀 점 발표하기

"비트에 맞춰 랩을 해 볼까요?"

AI로 비트를 만들고, 미리 만들어 놓은 동시로 랩을 하여 자신을 소개하는 수업입니다. 크롬 뮤직 랩의 송 메이커로 비트를 만들고 학생들이 직접 지은 동시를 랩으로 불러 봅니다. AI를 활용하여 다양한 악기와 박자를 이해하고 경험해 보면서 마음에 드는 비트를 만들 수 있습니다. 마지막으로 자신이 만든 동시와 랩 비트를 친구들과 공유해서 함께 불러 봅니다.

크롬 뮤직 랩

하면 된다! **활동지에 동시를 적고 읽어 보기**

동시를 지어 활동지에 적어 보고 랩처럼 박자를 타며 읽어 보세요.

✨**활동지** | 자신이 지은 동시를 랩 가사로 적어 보기   📄 수업26_활동지.hwp

* 선생님이 적어 놓은 것처럼 자신이 지은 동시를 랩 가사로 적어 봅시다.

나와 엄마의 거리

혼날 땐 백 미터
간식 줄 땐 십 미터
용돈 줄 땐 일 미터
밤에 안고 잘 땐 일 밀리
나와 엄마의 거리

> 활동지를 내려받아 학생들이
> 작성하도록 안내하세요!

혼	날		땐		백		미	터		간	식		줄
땐		십		미	터		용	돈		줄		땐	
일		미	터		밤	에		안	고		잘		땐
일		밀	리		나	와		엄	마	의		거	리

하면 된다! **송 메이커 AI로 비트 만들기**

01. 크롬 앱을 실행하고 '크롬 뮤직 랩'을 검색해 웹사이트에 들어갑니다. 모든 쿠키를 허용하기 위해 화면 아래의 〈OK, got it〉 버튼을 누릅니다.

두 번째 [Song Maker]를 선택하여 들어갑니다.

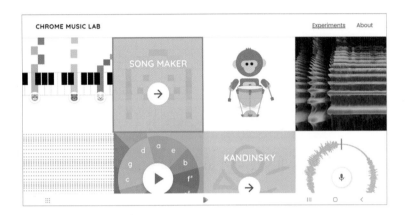

02. 'MIDI 기기를 제어하고 다시 프로그래밍하려고 합니다.'라고 경고 창이 뜨면 [허용]을 선택합니다.

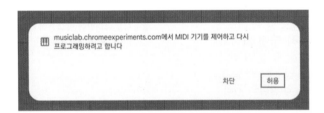

03. 먼저 위쪽 건반 악기 부분의 칸을 터치해 음을 입력하고 재생해 봅니다.

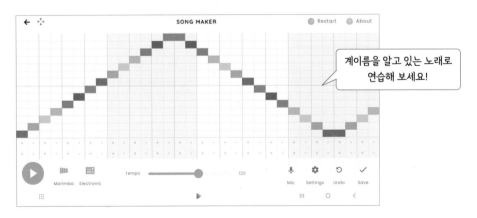

계이름을 알고 있는 노래로 연습해 보세요!

04. 밑에 있는 리듬악기 부분을 터치하여 함께 연주해 봅니다.

재생 버튼 옆에 있는 버튼을 눌러 악기를 바꿔가며 연주합니다.

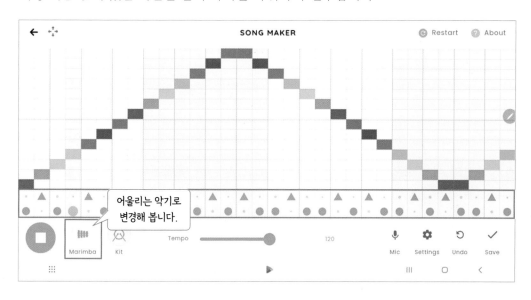

05. 가운데 있는 [Tempo]를 선택하여 빠르기를 조절해 봅니다.

기본 120에서 시작하며 숫자가 적을수록 빠르기는 느려집니다. 느린 빠르기부터 시작하여 점점 빠르게 해봅니다.

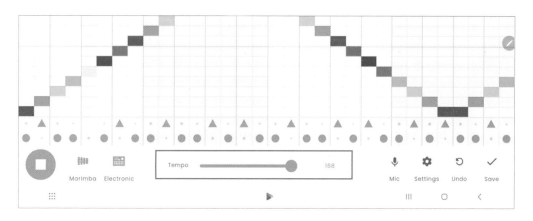

06. ⟨Settings ⚙⟩ 버튼을 선택하여 마디 수, 박자, 음계, 첫 음, 옥타브 등을 설정합니다.

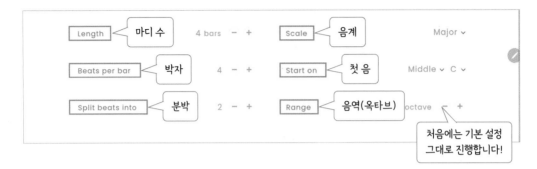

07. 자신의 이름 모양으로 탭하여 재생해 보고, 단순한 형태에서 점점 복잡한 형태로 선택하여 재생해 봅니다.

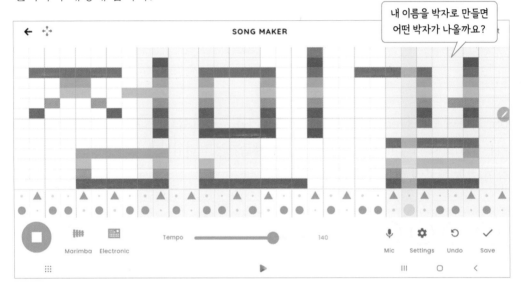

08. 최종적으로 선택한 비트에 본인이 지은 동시를 넣어 랩을 해 봅니다.
[Tempo]는 80부터 10씩 올려서 자신에게 맞는 것으로 맞춥니다. 빠르다고 잘하는 것이 아니라 박자에 맞춰서 랩을 하는 것이 중요하다고 지도합니다.

⏱ 수업 종료 10분 전!	친구들과 자신이 만든 동시 랩 공유하기
▶ 같은 모둠 친구들과 자신이 만든 동시로 랩 하기	
▶ 반 전체 친구들과 자신이 만든 동시로 랩 하기	
▶ 비트를 잘 만든 친구와 랩을 잘한 친구 칭찬하기	

동화책을 만드는
AI 책 출판

14주 차에는 챗GPT와 미리캔버스 AI 프로그램으로 나만의 동화책을 만들어 봅니다.
[수업 27]에서는 챗GPT로 동화를 만들어 보고, [수업 28]에서는 미리캔버스로 동화책 표지
와 이미지를 만들어 친구들과 공유합니다.

수업 27 | AI 동화 작가 되기

A학생

챗GPT로 동화 창작하기

B학생

자신이 지은 동화를 친구들과 공유하기

─ 챗GPT

▶ **활동 시간:** 40~45분

▶ **준비물:** 태블릿 PC, 활동지(프린트물)

▶ **AI 프로그램:** 챗GPT

▶ **수업에서 체험하는 AI 기술:** 텍스트 인식

▶ **관련 교과:** 유아 언어, 초등 국어, 중등 국어, 창의적 체험활동

▶ **기대 효과**

① 자신이 직접 개요을 작성하여 동화를 만들어 보는 경험을 합니다.

② AI로 콘텐츠를 쉽고 간단하게 만들어 보는 즐거움을 느낄 수 있습니다.

학습 목표

▶ 챗GPT로 동화 만드는 방법을 설명할 수 있습니다.

▶ 챗GPT로 나만의 동화를 만들어 봅니다.

▶ AI로 나만의 동화를 만드는 활동에 적극 참여합니다.

막막한 AI 수업, 이렇게 진행하세요!

1 흥미 유발

"재미있게 읽었던 동화를 이야기해 보세요."
- ▶ 평소에 재미있게 읽었던 동화를 친구들과 공유하기
- ▶ 자신이 평소에 관심 있었던 동화 작가 떠올려 보기

🎯 **학습 목표 제시** | 챗GPT로 나만의 동화를 만들어 봅시다.

2 수업 진행

수업 준비 **챗GPT 앱 설치하기**
- ▶ 플레이 스토어에서 챗GPT 앱을 다운로드하고 구글 계정으로 로그인하기

🤖 **하면 된다!** **활동지에 동화 개요 작성하기**
- ▶ 동화의 주제, 주인공, 등장인물, 배경, 주요 사건 등을 활동지에 적어 보기
- ▶ 몇 장으로 몇 자 정도인 동화를 만들지 생각해 보기

🤖 **하면 된다!** **챗GPT로 나만의 동화 만들기**
- ▶ 챗GPT에게 '베스트셀러 동화 작가'라는 역할 부여하기
- ▶ 동화의 주제, 주인공, 등장인물, 배경, 주요 사건 등이 담긴 프롬프트 작성하기
- ▶ 차례 등 전체 개요와 글자 수를 프롬프트로 작성해서 제시하기

⏱️ **수업 종료 10분 전!** **완성한 동화를 노트 앱에 저장하기**
- ▶ 동화를 노트 앱에 저장하기
- ▶ 다시 한번 읽어 보고 어색한 부분 다듬기
- ▶ 친구들과 함께 돌려가며 읽기

3 정리

- ▶ 활동하면서 알게 된 점, 재미있었던 점 등 발표하기
- ▶ 챗GPT를 활용하면서 느낀 점 발표하기

"누구나 동화책 작가가 될 수 있어요."

챗GPT를 활용하여 동화 작가가 되어 보겠습니다. 처음에는 기존의 동화책 중에서 자신이 재미있게 읽고 관심 가졌던 작가를 떠올려 보고 친구들과 함께 이야기해 봅니다. 그런 다음 동화책의 주제, 주인공, 등장인물, 배경, 사건 등 개요를 활동지에 간단히 적어 봅니다. 챗GPT에 동화 내용을 입력하고 추가로 질문하여 다듬어 봅니다. 마지막으로 완성한 동화를 파일로 저장합니다.

챗GPT 앱

 하면 된다! | **활동지에 동화 개요 작성하기**

동화를 구상하고 주제, 주인공, 배경 등을 활동지에 적어 보세요. 몇 장, 몇 자 정도로 동화를 만들 것인지도 생각해 봅니다.

활동지 | 동화의 주요 내용을 미리 작성해 봅시다.　　　　　📄 수업27_활동지.hwp

주제	예 가족 사랑, 친구 우정, 정직, 거짓말, 양보, 강아지, 할머니 등
주인공	예 주인공의 나이, 이름, 성별, 성격 등
등장인물	예 등장인물의 수, 등장인물의 이름 등
대상 독자	예 유치원생, 초등학생, 중학생, 대학생, 성인, 할머니 등
배경(장소)	예 체육관, 교실, 집, 운동장, 조선 시대, 현재, 미래 등

하면 된다! **챗GPT로 나만의 동화 만들기**

01. 플레이 스토어에서 '챗GPT'를 검색해 앱을 다운로드합니다.

▶ 챗GPT를 설치하고 로그인하는 내용은 [수업 23]을 참고하세요.

02. 챗GPT 앱을 실행해 채팅창에 동화책과 관련된 프롬프트를 적어 보겠습니다.
먼저 챗GPT에게 역할을 부여합니다.

▶ 베스트셀러 동화 작가가 되어 줘

챗GPT에게 역할을 부여하면 더 정확한 답변을 얻을 수 있어요!

03. 동화의 주제와 동화를 읽을 독자를 설정하여 입력합니다.

▶ 주제는 ----이고, 초등학교 --학년이 읽을만한 동화를 만들어 줘

챗GPT가 주제에 맞춰 동화를 써 줍니다!

04. 주인공과 등장인물에 대한 정보를 입력하여 동화를 수정합니다.

> ▶ 주인공은 --살로 해주고, 이름은 ---으로 해줘. 그리고 가족은 ---, ---, --- 이렇게 --명으로 해줘

05. 시간적 배경과 공간적 배경을 입력하고, 챕터 수와 글자 수를 함께 입력하여 동화를 수정합니다.

> ▶ 시간은 ---이고, 장소는 ---로 해줘. 그리고 ---개의 챕터로 ---자 이내로 만들어 줘

14주 차 ▶ 동화책을 만드는 AI 책 출판 **291**

06. 만들어진 동화를 읽어 보고, 너무 길게 느껴지면 글자 수를 조정합니다. 만들어진 동화가 마음에 들지 않으면 같은 방식으로 다시 생성합니다.

> ▶ 챕터는 ---개로 하고, ---자 이내로 만들어 줘

07. 화면을 꾹 눌러 창이 뜨면 [소리 내어 읽기]를 눌러 전체 동화 내용을 읽어 보며 수정합니다.

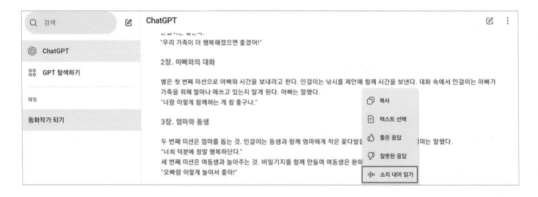

08. 나만의 동화가 만들어지면 다시 읽어 보고, 화면을 꾹 눌러서 전체를 [복사]합니다.

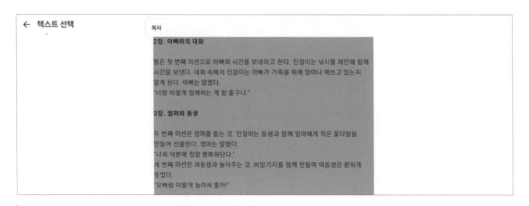

09. 태블릿 PC에 있는 노트 앱을 켜서 붙여 넣고, 수정할 부분은 수정하고 저장합니다.

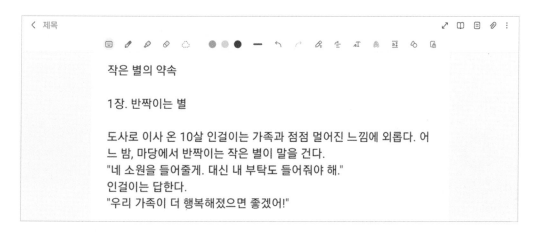

10. 패들렛을 사용한다면 게시판의 QR 코드를 아이들에게 공유해 학생들이 자신이 만든 동화를 올릴 수 있도록 안내합니다.

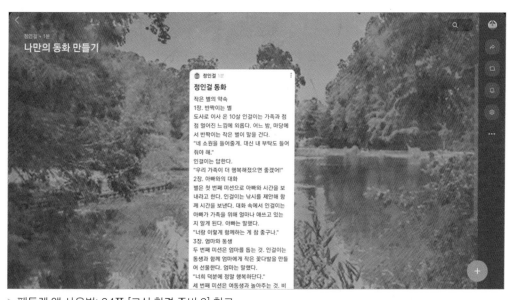

▶ 패들렛 앱 사용법: 24쪽 [교실 환경 준비 3] 참고

⏱ **수업 종료 10분 전!** ┃ **완성한 동화를 노트 앱에 저장하기**

▶ 동화를 노트 앱에 저장하기

▶ 다시 한번 읽어 보고 어색한 부분 다듬기

▶ 친구들과 함께 돌려가며 읽기

A학생

동화책 표지 만들기

B학생

동화책 본문 만들기

▶ **활동 시간:** 80~90분

▶ **준비물:** 태블릿 PC

▶ **AI 프로그램:** 미리캔버스

▶ **수업에서 체험하는 AI 기술:** 이미지 인식 센서

▶ **관련 교과:** 유아 미술, 통합 교과, 초등 국어, 초등 미술, 중등 국어, 중등 미술, 창의적 체험활동

▶ **기대 효과**

① 자신이 그림을 그리지 못해도 AI로 이미지를 만들어 보는 즐거운 체험 기회를 제공합니다.

② AI를 활용하여 쓴 동화를 직접 책으로 만들어 봅니다.

학습 목표

▶ 미리캔버스로 동화책 만드는 방법을 설명할 수 있습니다.

▶ 미리캔버스로 동화책을 만듭니다.

▶ 동화책을 친구들과 공유하는 활동에 적극 참여합니다.

막막한 AI 수업, 이렇게 진행하세요!

1 흥미 유발

"좋아하는 동화책 한 권을 가져와 보세요."

▶ 동화책의 표지, 이미지, 글자 크기, 서체 등을 살펴보기
▶ 자신이 만들고 싶은 형태의 동화책 정하기

🎯 **학습 목표 제시** | 미리캔버스 앱으로 동화책을 만들어 봅시다.

2 수업 진행

수업 준비 **미리캔버스 앱 설치하기**

▶ 플레이 스토어에서 미리캔버스 앱 내려받아 설치하기
▶ 미리캔버스 앱의 다양한 기능을 사용해 보며 연습하기

🤖 **하면 된다!** **나만의 동화책 구성 생각하기**

▶ 앞 시간에 만든 동화를 다시 읽어 보기
▶ 동화책의 제목, 표지, 페이지 수 등 구성 생각해 보기

🤖 **하면 된다!** **미리캔버스로 동화책 만들기**

▶ 동화책의 표지 만들고 제목, 지은이 넣기
▶ 동화 내용 복사해서 붙여 넣고 필요한 곳에 AI 이미지 생성해 삽입하기
▶ 전체 내용을 수정하고 파일로 저장하기

⏱️ **수업 종료 10분 전!** **우리 반 동화책 출판 기념회 열기**

▶ 자신이 만든 동화책을 친구들과 공유하기
▶ 친구들의 동화책을 읽어 보고, 재미있었던 점과 잘한 점 칭찬하기

3 정리

▶ 활동하면서 알게 된 점, 재미있었던 점 등 발표하기
▶ 미리캔버스를 활용하면서 느낀 점 발표하기

"나만의 동화책을 완성해 봐요!"

앞 시간에 챗GPT로 만들었던 동화를 미리캔버스를 사용해 동화책 형
태로 완성해 보겠습니다.

먼저 동화책에 어울릴 만한 표지를 AI 이미지 생성 기능을 활용하여
만듭니다. 페이지를 추가하고 장마다 이미지를 각각 생성하여 삽입합
니다. 미리 써 둔 동화를 복사하여 텍스트를 삽입하고 글자 크기와 서
체 등을 수정합니다. 마지막으로 완성한 동화책을 저장하고 친구들과 함께 공유합니다.

미리캔버스 앱

하면 된다! ## 나만의 동화책 구성 생각하기

✨ **활동지** | 나만의 동화책을 만들어 봅시다.   📄 수업28_활동지.hwp

동화 제목	㉠ 놀이터에서 있었던 일, 막대 사탕, 엄마의 선물 등
동화 표지 키워드	㉠ 가족 4명, 가족 사랑, 동화책 등
동화책 페이지	* 동화의 내용을 몇 쪽으로 나누어 작성할지 결정합니다.

동화책 만들기 1 – 표지 만들기

01. 플레이 스토어에서 '미리캔버스'를 검색해 설치합니다. 앱을 실행해 로그인 창이 뜨면 태블릿 PC에 저장된 구글 계정으로 들어가도록 안내합니다.

02. 오른쪽 아래에 있는 〈디자인 만들기〉 버튼을 누릅니다.

팝업 창이 뜨면 〈직접 크기 설정〉을 눌러 새 페이지를 만듭니다.

03. 크기는 1080px*1080px로 설정합니다.

04. 표지에 들어갈 이미지부터 만들겠습니다.

왼쪽에서 [AI 도구] 탭을 누르고 [AI 드로잉]을 선택합니다.

05. 스타일은 [화법 - 색연필] 또는 자신의 동화 표지에 알맞은 스타일을 선택합니다.

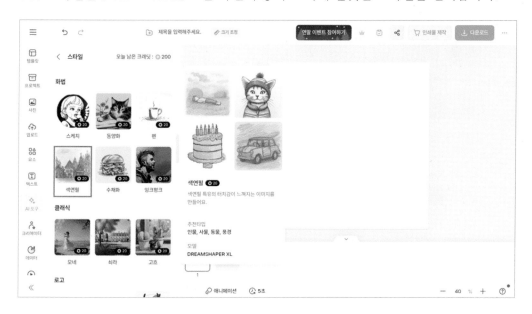

06. 이미지 묘사 부분에 관련 키워드를 적고 〈생성〉 버튼을 누릅니다.

▶ 하루에 200 크레딧이 주어지는데, 한 번 이미지를 생성할 때마다 20씩 차감되니 심사숙고하여 이미지를 생성합니다.

07. 왼쪽에 생성된 AI 이미지들이 나타납니다. 원하는 이미지를 선택하면 이미지가 캔버스에 들어옵니다.

08. 다시 이미지를 선택해 위치를 조정하고, 왼쪽에서 [그라데이션 마스크]를 5%로 설정합니다.

09. 왼쪽에서 [텍스트] 탭을 선택하고 동화 제목을 입력합니다.
서체와 글자 크기 등을 수정하고 위치도 표지에 맞게 수정합니다.

동화책 만들기 2 – 본문 만들기

01. 아래에 있는 (+)를 눌러 본문 페이지를 추가합니다.

[AI 도구] 탭을 누르고 스타일은 [애니메이션 배경]을 선택합니다. 묘사 부분에 이미지에 들어가야 하는 인물이나 소재를 적고 〈생성〉 버튼을 누릅니다.

02. 왼쪽에 생성된 이미지가 나타나는데, 마음에 드는 이미지를 선택해 캔버스에 배치합니다.

표지와 마찬가지로 [그라데이션 마스크]를 넣어 보세요!

03. 앞 시간에 만든 동화 내용을 복사합니다.

수정할 부분이 있으면 내용을 해치지 않는 선에서 최대한 간결하게 수정합니다.

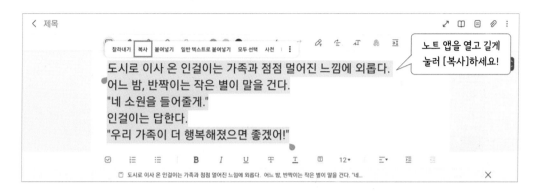

04. [텍스트] 탭을 눌러 내용을 삽입하고 위치와 크기를 조정합니다.

05. 왼쪽에서 [배경] 탭을 누르고 알맞은 배경을 선택합니다.

이미지와 텍스트에 시선이 가도록 너무 무늬가 많거나 색이 강한 배경은 사용하지 않도록 합니다.

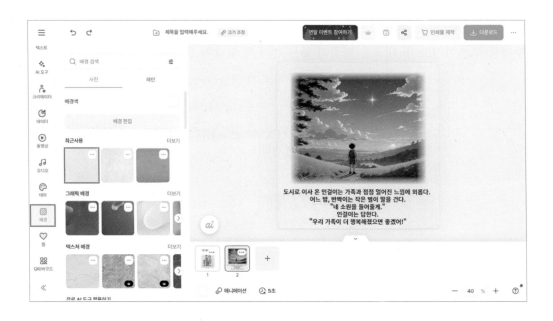

06. 같은 방식으로 페이지를 추가해 다음 페이지도 완성합니다.

본문 페이지의 수는 동화를 만들 때 사용했던 챕터의 수와 동일하게 만듭니다.

07. 모든 페이지가 완성되면 오른쪽 위에 있는 <다운로드> 버튼을 누르고 [PDF(인쇄용)] 형식을 선택해 [다운로드]합니다.

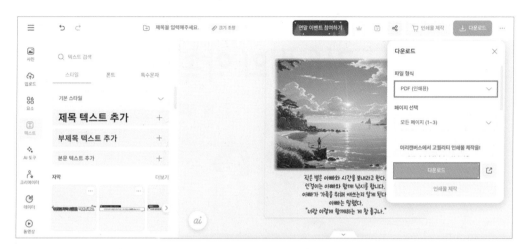

08. 파일이 저장될 때까지 기다리다가 저장된 파일이 뜨면 눌러서 잘 저장이 되었는지 확인합니다.

09. 완성된 파일을 확인하고 센드 애니웨어 앱으로 교사에게 전송해 친구들과 공유합니다.

▶ 센드 애니웨어 앱 사용법: 20쪽 [교실 환경 준비 2] 참고

수업 종료 10분 전!	우리 반 동화책 출판 기념회 열기

▶ 자신이 만든 동화책을 친구들과 공유하기
▶ 친구들의 동화책을 읽어 보고, 재미있었던 점과 잘한 점 칭찬하기

15주 차

학교 축제용
AI 연극, 작품 만들기

챗GPT로 역할극 대본을 만들어 시연해 보고, 캔바 프로그램으로 시화 작품을 만들어 보는 수업입니다.

[수업 29]에서는 AI로 역할극 대본을 만들어 친구들과 역할극을 하고, [수업 30]에서는 AI로 시를 쓰고 그에 어울리는 이미지로 시화 작품을 만들어 보고 전시회를 열어 감상합니다.

역할극 놀이

A학생

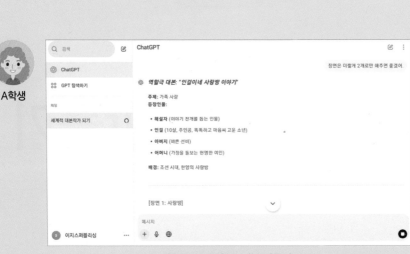

챗GPT로 역할극 대본 만들기

B학생

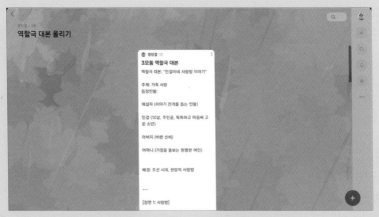

친구들과 대본 공유하고 연습하기

▶ **활동 시간:** 80~90분

▶ **준비물:** 태블릿 PC, 활동지(프린트물)

▶ **AI 프로그램:** 챗GPT

▶ **수업에서 체험하는 AI 기술:** 음성 인식 센서

▶ **관련 교과:** 통합 교과, 초등 국어, 중등 국어, 창의적 체험활동

▶ **기대 효과**

　① AI를 활용하여 다양한 주제와 조건으로 역할극 대본을 만들어 보는 경험을 합니다.

　② 오랜 시간 준비할 필요 없이 간단하고 쉽게 역할극을 할 수 있습니다.

학습 목표

▶ 챗GPT로 역할극 대본을 만드는 방법을 설명할 수 있습니다.

▶ 챗GPT로 역할극 대본을 만들어 역할극을 합니다.

▶ 친구들과 역할극을 할 때 적극 참여하는 태도를 가집니다.

막막한 AI 수업, 이렇게 진행하세요!

1 흥미 유발

"역할극에서 어떤 역을 맡고 싶나요?"

▶ 유튜브에서 역할극을 하는 영상 검색해 시청하기

▶ 역할극을 할 때 고려해야 할 점 알아보기

🎯 **학습 목표 제시** | 챗GPT로 대본을 만들어 역할극을 해 봅시다.

2 수업 진행

수업 준비 챗GPT 앱 설치하기

▶ 플레이 스토어에서 챗GPT 앱을 다운로드하고 구글 계정으로 로그인하기

🤖 **하면 된다!** 활동지에 대본 내용 정리하기

▶ 역할극으로 하고 싶은 주제 정리하기

▶ 역할극의 등장인물, 배경, 공연 길이(시간) 등을 정리하기

🤖 **하면 된다!** 챗GPT로 역할극 대본 만들기

▶ 챗GPT에 역할극 대본을 쓰는 작가 역할 부여하기

▶ 프롬프트에 역할극 대본의 주제 입력하여 대본 작성하기

▶ 프롬프트에 등장인물, 시간·공간 배경, 공연 길이(시간) 등을 입력하기

⏱ **수업 종료 10분 전!** 역할극 대본으로 연습하여 시연하기

▶ 역할극 대본으로 모둠별 연습하기

▶ 모둠별로 역할극 시연하기

3 정리

▶ 활동하면서 알게 된 점, 재미있었던 점 등 발표하기

▶ 챗GPT를 활용하면서 느낀 점 발표하기

"우리 학교 축제 때 역할극을 올려 봐요!"

챗GPT를 활용하여 다양한 주제로 역할극 대본을 만들고 친구들과 함께 연습하여 역할극을 시연해 보겠습니다.

처음에는 초등학생들이 연기하는 다른 참고 영상을 시청하고 어떤 주제를 다룰지 고민해 정합니다. 활동지에 주제와 등장인물의 수, 막의 수, 대본의 길이 등을 작성해 봅니다. 챗GPT에게 역할을 부여하고 역할극 대본을 만들게 합니다. 마지막으로 역할극 대본을 친구들과 공유하여 함께 연습해 봅니다.

챗GPT 앱

 하면 된다! | **활동지에 대본 내용 정리하기**

먼저 역할극으로 전하고 싶은 주제를 정하고 등장인물, 배경, 역할극의 길이 등을 정리해 활동지에 적어 보세요.

✨ **활동지** | 챗GPT로 역할극 대본 만들기   📄 수업29_활동지.hwp

주제	㉲ 가족 사랑, 친구 우정, 정직, 거짓말, 양보, 강아지, 할머니 등
주인공	㉲ 주인공의 나이, 이름, 성별, 성격 등
등장인물	㉲ 아빠, 엄마, 나, 여동생 4명(또는 남학생 2명, 여학생 2명), 해설자

하면 된다! 챗GPT로 역할극 대본 만들기

01. 플레이 스토어에서 '챗GPT'를 검색해 앱을 다운로드합니다.

▶ 챗GPT를 설치하고 로그인하는 내용은 [수업 23]을 참고하세요.

02. 먼저 챗GPT에게 역할을 부여하겠습니다.

역할극 대본을 써 줄 수 있게 구체적으로 역할을 정해 주세요.

> ▶ 지금부터 세계적인 대본 작가가 되어서 대답해 줘

03. 주제를 입력하여 초안을 만들어 보겠습니다.

역할극의 주제는 과목의 성격, 단원과 학습 차시의 내용에 따라 다르게 만듭니다.

> ▶ -----라는 주제로 초등학생이 역할극을 할만한 대본을 만들어 줘

04. 초안이 완성되면 모둠원 수에 맞게 등장인물의 수를 설정하고, 주인공의 이름, 장소(공간 배경), 시대(시간 배경)을 입력하여 대본을 다듬습니다.

> ▶ 등장인물은 해설 포함 ---명으로 해주고, 주인공 이름은 ---로 해줘. 그리고 장소는 ---이고, 시대는 ----로 바꿔 줘

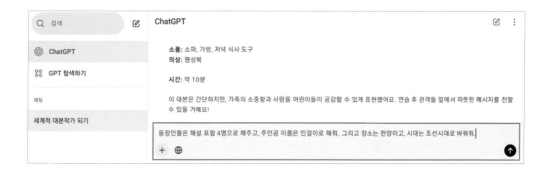

05. 모둠원들이 대본을 읽어 보고, 어색한 부분이 있으면 수정하는 프롬프트를 입력하여 대본을 수정합니다. 대본은 너무 길지 않게 장면 2개로 설정합니다.

> ▶ 장면은 더 짧게 2개로만 해 주면 좋겠어

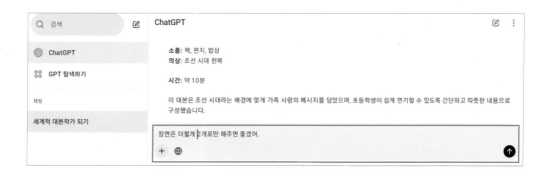

06. 대본이 작성되면 다시 한 번 읽어 보고, 화면을 꾹 눌러서 기능 창을 활성화합니다. [복사]를 선택합니다.

🤖 하면 된다! **패들렛에 챗GPT로 쓴 역할극 대본 올려서 공유하기**

01. 선생님은 패들렛 앱을 켜서 학생들이 대본을 올릴 수 있도록 담벼락을 미리 만들어 두겠습니다. 〈Padlet 만들기〉 버튼을 눌러 [담벼락] 게시판을 만듭니다.

02. 오른쪽에서 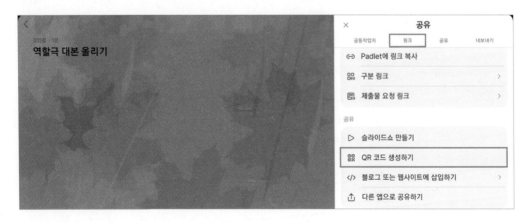 아이콘을 선택하고 [링크]에서 [QR 코드 생성하기]를 누릅니다. 태블릿 PC 화면을 미러링해 QR 코드를 교실 TV 화면에 띄워놓습니다.

▶ 화면 미러링 방법: 16쪽 [교실 환경 준비 1] 참고

03. 학생들은 태블릿 PC의 카메라로 QR 코드를 스캔해 패들릿에 들어갑니다. ➕버튼을 눌러 완성된 대본을 같은 모둠 친구들이 볼 수 있도록 업로드합니다.

업로드된 대본으로 역할극을 연습하여 친구들에게 시연합니다.

⏱ 수업 종료 10분 전!	**역할극 대본으로 연습하여 시연하기**

▶ 역할극 대본으로 모둠별 연습하기
▶ 모둠별로 역할극 시연하기

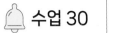

A학생

작은 행복

정인걸

꼬리를 살랑살랑
발걸음 톡톡톡

반짝이는 까만 눈
"같이 놀자!" 속삭여요

햇살 속 뛰놀다가
내 품에 쏙, 작은 행복!

강아지를 주제로 한 시화

B학생

엄마의 품과 같이
따스한 햇살 아래
벚꽃들이 비처럼 흩날린다.

살랑살랑 봄바람에
딸가듯 반겨주는 벚꽃잎들이 흩날리며
핑크색으로 물들여
나의 길을 만들여 준다.

마치 봄에서 태어난 날 축하해 주듯,
눈부신 햇살과 찬란한 봄꽃, 새싹들...
나의 탄생을 축하해 주는
이 봄이 난 참 고마워.

봄꽃을 주제로 한 시화

국어
+ 미술

▶ **활동 시간:** 40~45분

▶ **준비물:** 태블릿 PC, 활동지(프린트물)

▶ **AI 프로그램:** 캔바

▶ **수업에서 체험하는 AI 기술:** 이미지 인식 센서

▶ **관련 교과:** 초등 국어, 중등 국어, 창의적 체험활동

▶ **기대 효과**

① 자신이 직접 지은 시를 AI로 간단하고 쉽게 시화를 만들어 보는 경험을 합니다.

② 전시회를 열어 친구들과 함께 시화를 공유하면서 감상하는 기회를 제공합니다.

학습 목표

▶ 캔바 AI로 시화를 만드는 방법을 설명할 수 있습니다.

▶ 직접 지은 시를 캔바 AI로 시화를 만듭니다.

▶ 자신이 만든 시화 작품을 친구들과 적극 공유하는 태도를 가집니다.

막막한 AI 수업, 이렇게 진행하세요!

1 흥미 유발

"시와 그림을 함께 보니 어떤 느낌이 드나요?"
- ▶ 시화 작품을 감상하면서 어떻게 구성되어 있는지 살펴보기
- ▶ 자신이 지은 시를 다시 읽어 보기

🎯 **학습 목표 제시** | AI로 시화 작품을 만들어 전시회를 열고 감상해 봅시다.

2 수업 진행

수업 준비 **캔바 앱 설치하기**
- ▶ 플레이 스토어에서 캔바 앱 내려받고 구글 계정으로 로그인하기
- ▶ 캔바 앱 실행하여 기본 기능 다뤄 보기

🤖 **하면 된다!** **활동지에 시화 작품 구상하기**
- ▶ 활동지에 자신이 지은 시를 다시 적어 보기
- ▶ 어떤 그림과 함께 시를 표현하면 좋을지 생각해 보기

🤖 **하면 된다!** **AI로 시화 작품 만들기**
- ▶ 캔바 AI에서 시의 주제와 어울릴 만한 이미지 찾아 삽입하기
- ▶ 자신이 직접 지은 시를 그림 위에 입력하기
- ▶ 그림과 시 외에 아이콘이나 문구를 추가하여 시화 작품 꾸미기
- ▶ 완성한 시화 작품을 저장하고 선생님께 공유하기

⏱ **수업 종료 10분 전!** **시화 작품 전시회를 열어 친구들과 공유하기**
- ▶ 자신이 만든 시화 작품을 출력해 교실이나 복도에 붙이고 친구들과 공유하기
- ▶ 잘한 점, 칭찬할 점 등을 찾아 친구에게 칭찬하기

3 정리

- ▶ 활동하면서 알게 된 점, 재미있었던 점 등 발표하기
- ▶ 캔바 AI를 활용하면서 느낀 점 발표하기

"멋진 시에 어울리는 시화를 AI로 만들어 봐요!"

직접 지은 시를 바탕으로 캔바 AI를 활용하여 시화로 만들어 보는 수업입니다.

처음에는 자신이 수업 시간에 지은 시를 읽어 보고 시화를 본 경험이 있는지 한번 떠올려 봅니다. 이어서 다양한 시화 작품을 살펴보고, 자신이 지은 시에 맞게 배경 이미지를 어떻게 표현할지 구상해 봅니다.

캔바 앱

캔바 AI를 활용하여 배경에 들어갈 이미지를 만들고, 자신이 지은 시를 입력하여 시화 작품을 완성합니다. 마지막으로 전시회를 열어 친구들과 함께 시화 작품을 공유하고 감상합니다.

하면 된다! | **활동지에 시화 작품 구상하기**

활동지에 자신이 만든 시를 다시 적어 보고 어떤 그림과 함께 표현하면 좋을지 생각해 보세요.

활동지 | AI로 시화 작품 만들기   📄 수업30_활동지.hwp

자신이 지은 시 적어 보기	
	관련 키워드:

아래 칸은 시화 작품을 만들고 나서 작성합니다.

시화 작품 설명	작품 설명
	그림 스타일
	글꼴

하면 된다! | **AI로 시화 작품 만들기 1** – AI 이미지 만들기

01. 플레이 스토어에서 '캔바'를 검색해 설치하고 실행합니다.
캔바 이용 약관에 동의한 후, 구글 계정 또는 마이크로소프트, 이메일 등의 계정으로 로그인합니다.

02. 팝업 창이 뜨면 [학생]을 눌러 캔바에 접속합니다.

03. 메인 화면이 나오면 왼쪽 위에 있는 〈디자인 만들기〉 버튼을 누릅니다.

04. 맨 아래 [더 보기]를 누르고 [일반적인 레이아웃 및 크기] 목록에서 [워크시트(A4 세로형)]을 선택합니다.

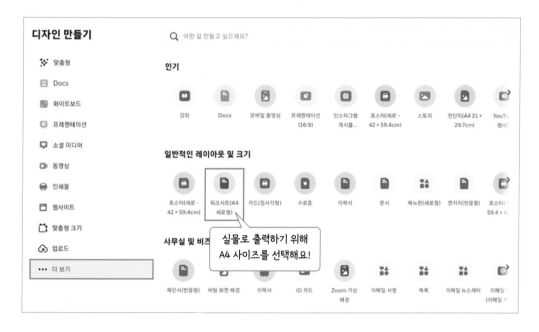

05. 이제 본격적으로 AI 기능을 사용해 시화 작품을 만들어 보겠습니다.
빈 화면이 나타나면 왼쪽에서 맨 아래에 있는 [앱] 탭을 선택합니다.
검색 창에 'Magic media'를 검색하여 실행합니다.

06. 자신의 시와 관련된 키워드를 입력해 봅니다. 구체적으로 적을수록 자신이 원하는
이미지가 나오니 잘 생각해서 적어 봅니다.

07. 스타일을 선택할 때 자신이 원하는 것으로 선택하되 시를 잘 표현할 수 있는 것으로 선택합니다. 가로세로 비율은 템플릿에 맞게 [세로형]으로 선택합니다.

08. 〈이미지 생성〉 버튼을 누르면 캔바 AI가 이미지를 생성합니다.
원하는 이미지를 선택하고 전체 화면에 맞게 크기를 조정합니다.

AI로 시화 작품 만들기 2 – 시 내용 입력해 완성하기

01. 그림 위에 시를 넣어야 하니 투명도를 조절하겠습니다.

이미지를 선택하면 나오는 옵션 창에서 [투명도 ▨]를 선택합니다. 투명도를 [20] ~ [30] 정도로 조정합니다.

02. 왼쪽에서 [텍스트] 탭을 선택하고 〈텍스트 상자 추가〉를 눌러 제목, 지은이, 시의 내용을 작성합니다. 글자 크기, 글꼴 등을 변경하고 위치도 이미지와 어울리게 조정합니다.

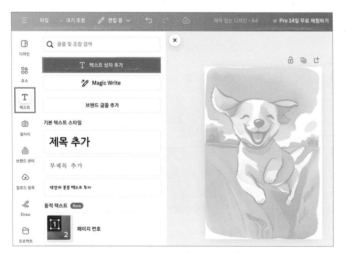

03. 시화가 완성되면 오른쪽 위에 있는 〈공유〉 버튼을 선택하고 [PNG] 형식으로 파일을 저장합니다.

04. 완성된 시화를 친구들과 함께 살펴보고, 수업 후에는 출력하여 교실이나 복도에 전시합니다. 활동지 마지막에 있는 작품 설명도 작성하고 시화 밑에 붙입니다.

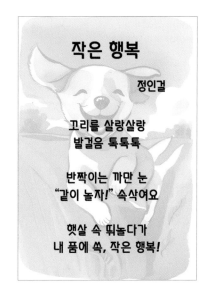

수업 종료 10분 전!	시화 작품 전시회를 열어 친구들과 공유하기

▶ 자신이 만든 시화 작품을 출력해 교실이나 복도에 붙이고 친구들과 공유하기
▶ 잘한 점, 칭찬할 점 등을 찾아 친구에게 칭찬하기

"펑펑 내려야 눈이 쌓이듯 공부도 집중해야 실력이 쌓인다!"

학교 다닐 때는? 학기별 연산책 '바빠 교과서 연산'

학기 대비 첫 수학 공부는 '바빠 교과서 연산'으로 시작하세요. 학기별 진도에 딱 맞춘 쉬운 수학 책이니까요! 방학 동안 다음 학기 선행을 준비할 때도 '바빠 교과서 연산'으로 시작하세요! 교과서 순서대로 빠르게 공부할 수 있어, 첫 번째 수학 책으로 추천합니다.

시험 대비는? '나 혼자 푼다 바빠 수학 문장제'

학교 시험을 대비하고 싶다면 '나 혼자 푼다! 수학 문장제'로 공부하세요. 너무 어렵지도 쉽지도 않은 딱 적당한 난이도로, 빈칸을 채우면 풀이 과정이 완성됩니다! 막막하지 않아요~. 요즘 학교 시험 풀이 과정을 손쉽게 연습할 수 있습니다.

학습 결손이 생겼다면? 10일 완성 영역별 연산책 '바빠 연산법'

내가 부족한 영역만 골라 보충하세요! 예를 들어 4학년인데 나눗셈이 어렵다면 나눗셈만, 5학년인데 분수가 어렵다면 분수만 골라 훈련하세요. 방학 때나 학습 결손이 생겼을 때, 취약한 연산 구멍을 빠르게 메꿀 수 있어요!

바빠 연산 영역: 덧셈, 뺄셈, 구구단, 시계와 시간, 길이와 시간 계산, 곱셈, 나눗셈, 약수와 배수, 분수, 소수, 자연수의 혼합 계산, 분수와 소수의 혼합 계산, 확률과 통계, 비와 비례, 평면도형 계산, 입체도형 계산, 방정식, 19단

초등 수학 마무리는? '바빠 초등 수학 총정리'

중학 수학에서 다시 써먹는 초등 수학만 한 권으로 빠르게 정리하세요! 중학 수학에 필요 없는 초등 수학 내용은 축소하고, 중요한 부분은 집중하여 더 많이 공부하도록 구성했어요. 중학 수학과 연결되는 초등 수학 개념이 탄탄하게 잡힐 거예요!